Das Bewusstsein überlebt den Tod

Wir möchten den Leser mit diesem Buch in seinem Bewusstwerdungsprozess unterstützen. Dieses Buch soll ihn informieren, unterhalten und inspirieren. Die Autorin und der Verlag können für keinerlei Verluste oder Schäden verantwortlich oder schadensersatzpflichtig gemacht werden, die irgend jemandem direkt oder indirekt durch die in diesem Buch enthaltenen Informationen entstehen. Eine Haftung können weder die Autorin noch der Verlag übernehmen.

© Dr. Adriana Raslan
© Kamasha GmbH & Co. KG
Kamasha Verlag
Dietershaner Str. 29
36039 Fulda
Tel.: +49 (0) 6 61 - 38 00 02 40
Fax: +49 (0) 6 61 - 38 00 02 49
www.kamasha-verlag.de
www.kamasha.de

Umschlaggestaltung: Kamasha Verlag
Satz und Lektorat: Kamasha Verlag
Druck: Druckerei Sonnenschein, Hersbruck

ISBN 13: 978-3-936767-34-6
Originalauflage März 2011

Für dieses Buch wurde ausschließlich Papier verwendet, welches nicht aus dem Regenwald stammt.

Das Bewusstsein überlebt den Tod

Wahrnehmungen und Hilfen

Kamasha Verlag

Aus Licht bist du geboren -

zu Licht sollst du werden!

Inhalt

Botschaft von Erzengel Chamuel zu diesem Buch

Geliebte Wesen,

wenn ein Wesen stirbt, wird seine in der Physis gespeicherte Lichtenergie wieder frei, diese Energie der bedingungslosen Liebe, aus der die Schöpfung besteht.

Die „Menge" der Lichtenergie ist je nach Art des erschaffenen Wesens verschieden. Alle erschaffene Materie hat diese Energie in sich –die Mineralien, das Wasser, die Pflanzen und Bäume ebenso wie die Tiere, die Menschen und wie die ätherischen Naturwesen. Ihr Menschenwesen habt riesige „Anteile" von Schöpfungsenergie in Euch, denn eure „Bausteine" sind komplexer und vielfältiger als die eines jeden anderen Wesens auf der Erde. Ihr Menschenwesen seid aber auch die einzigen Wesen auf der Erde, die diese Liebesenergie oft nicht wieder „hergeben" wollen – ihr wollt sie in der einen physischen Form konservieren, an die ihr euch erinnert, weil ihr Angst habt vor dem Tod. Ihr geliebten Menschenwesen wisst so oft nicht mehr um die Unsterblichkeit und Schönheit eurer Seele, ihr fühlt nicht mehr die Einheit mit der Göttlichen Quelle und der gesamten Schöpfung. Wir Engel sind ja immer um euch, auch gerade dann, wenn ihr euren physischen Körper verlasst. Wir umhüllen euch liebevoll und möchten euch begleiten in die alten neuen Ebenen, die die Seele nach Verlassen des Körpers erfährt. Dies gelingt nicht, wenn Ihr euch mit dem Leben im Körper identifiziert habt und die alten Formen und Lebensumstände nicht loslassen wollt. Die Schöpfungsenergie bleibt dann auf eine Art gebunden, die nicht mehr dienlich ist.

Gebt euch vertrauensvoll dem Prozess der Entkörperung hin und nehmt die unendliche Liebe wahr, mit der eure Seele erwartet und begleitet wird.
Ihr seid unermesslich geliebt.

Vorwort

Alle Kulturen und Religionen gehen davon aus, dass es Schöpfungsprinzipien gibt, die als ein oder mehrere Gottwesen gedacht werden.

Gemeinsam ist allen Kulturen auch der Glaube, dass es nach dem Tod irgendeine Form von Existenz gibt, dass die Seele weiterlebt. Daher haben auch alle Kulturen Rituale, die der Begleitung Sterbender, der Bestattung Verstorbener und der Segnung der Toten gelten. Im asiatischen Raum werden die Ahnen täglich rituell verehrt. Die indigenen Völker kommunizieren mit den Vorfahren, um sie um ihren Rat zu bitten. Im Christentum sind es die Sterbesakramente, die Beichte der Sünden, ihre Absolution, die Beerdigung und die Fürbitten für die Seelen der Toten, die eine besondere Bedeutung haben.

Diese Rituale dienen nicht nur den Hinterbliebenen. Denn allen Kulturen gemeinsam ist auch eine Vorstellung, dass die Seele nach dem Tod in lichte Bereiche (Himmel) oder in dunkle Bereiche (Hölle) geraten kann. Der Übergang in die lichten Bereiche wird als Aufstieg empfunden. Das Abgleiten in die dunklen Bereiche soll durch die Rituale verhindert werden. Ebenso haben alle Kulturen eine Vorstellung von einer Existenzform unerlöster Seelen, die Geister genannt werden.

Dieses Buch wurde geschrieben, weil mit Sterben und Tod so viel Angst, Zorn und Trauer verbunden sind, und weil

Angst, Zorn, Trauer und andere Emotionen nach dem Tode weiterwirken können – auch über alle Zeit hinweg.

Die Idee der Dualität von Körper und Seele bestimmt unser Denken. Nicht nur scheinen Erde und Himmel, Körper und Seele zweierlei, auch unser Ich und alles, was nicht unser Ich ist, scheinen zweierlei. Das wunderbare Geschenk des Lebens auf der Erde im menschlichen Körper wird als ein Pol betrachtet, die entkörperte Seele im Himmel als der andere Pol. Zwei Pole, die vollkommen getrennt scheinen. Das Leben mit dem Körper wird meist um jeden Preis festgehalten; die Vorstellung, es zu verlieren ist Betroffenen und Angehörigen meist unerträglich. Verloren gegangen ist das Wissen, dass beides nur unterschiedlicher Ausdruck des einen heiligen untrennbaren Ganzen ist: der göttlichen Schöpfung. Geburt, Leben im Körper, Tod, Leben danach – alles ist heilig, miteinander verbunden und entspringt der göttlichen Quelle.

Ich bin der Überzeugung, dass die Seele in ihren Ursprungsanteilen immer mit Gott verbunden bleibt, und so gesehen nicht „verloren gehen" kann.

Ich bin auch der Überzeugung, dass der physische Tod die Rück-Geburt der jetzt körperlosen Seele in andere Dimensionen ist. Diese Dimensionen sind nicht einfach andere physische Orte, sondern andere Bewusstseinsebenen, die sich unendlich weit ausdehnen können.

Die lichten Bereiche sind die Bewusstseinsebenen der Liebe, der Verbundenheit und des Wachstums, die dunklen Bereiche sind Bewusstseinsebenen, die von unerlöster Angst, Hass und Gier bestimmt werden. Wahrlich eine

Hölle.

Aus dieser Perspektive betrachtet gibt es keinen Tod für die Seele, sondern lediglich eine Verwandlung der materiellen Ausdrucksform. Trotzdem benutze ich in diesem Buch die Formulierung „Verstorbene" und „Tod" und „Leben nach dem Tod".

Ich will nicht vorgeben zu wissen, wie die Realität nach dem Tode aussieht. Was ich „weiß", ist das, was ich in Büchern gelesen habe, und das, was ich bei meiner Arbeit mit Menschen wahrnehme. Nach meinen Erfahrungen ist es ähnlich wie im Leben auch: Das „Nachleben" (4) wird bestimmt von den Gedanken, Gefühlen und Glaubenssätzen, die zu Lebzeiten vorlagen. Nach dem Tod – wenn er denn realisiert wird – ist es, wie man glaubt, dass es sei – wobei auch hier die unbewussten Glaubenssätze den Ausschlag geben.

Möge dieses Buch im Dienste der Heilung, der Liebe und des Lichtes stehen und den Menschen Mut zum Leben und zum Sterben machen!

Möge der Tod eines Menschen bei aller verständlichen Trauer auch als ein Akt der Freude und des Friedens erlebt werden - das dies möglich ist, zeigt der Bericht von Uschi Funke auf Seite 90.

Einleitung

In den achtziger Jahren des letzten Jahrhunderts begann ich meine Arbeit als Assistenzärztin in einem Institut für Pathologie. Hier werden Gewebeproben und Operationspräparate untersucht und Verstorbene obduziert. Für die behandelnden Ärzte ist es oft wichtig zu wissen, ob ihre Diagnose richtig war, ob die Behandlung korrekt war und woran der Patient starb. In den ersten Wochen dort hatte ich mehrmals einen ähnlichen Traum: Die Verstorbenen stellten mich zur Rede, wollten wissen, warum ich sie aufgeschnitten und Teile ihrer Organe weggenommen hätte.

Damals hatte ich diese Träume nicht verstanden und hielt sie für Albträume. Ich hatte mir keine Gedanken über ein Leben nach dem Tod gemacht und an Gott glaubte ich auch nicht so richtig. Allerdings hatte ich oft den Impuls, laut auszusprechen, wie gut es doch sei, dass man den Toten nicht mehr wehtun könne, wenn man den Körper aufschneide....Offensichtlich spürte ich intuitiv die Wirkung meines Tuns auf die Seelen, konnte dies jedoch nicht einordnen. Heute weiß ich: Es ist ganz wichtig, dass Angehörige, die einer Obduktion zustimmen, Pathologen und Sektionsassistenten anerkennen, dass die Seele nicht stirbt und wahrscheinlich oft bei der Obduktion dabei ist. Sie sollten die Seelen auf das Geschehen vorbereiten und ihnen erklären, dass sie ihre Körper nicht mehr benötigen.

Die Wahrnehmung der Energie von Verstorbenen ist uns oft unheimlich und macht Angst. Warum das so ist, weiß ich nicht genau, aber wahrscheinlich spüren wir, dass es meist nicht in Ordnung ist, wenn die Seele da ist. Sie gehört einfach nicht mehr in die physische Dimension, ihre Anwesenheit ist oft ein Ausdruck, dass sie nicht in die lichten Dimensionen gegangen ist, was für die Seele kein angenehmer Zustand ist. Es wird oft kalt im Raum, wenn Verstorbene kommen. Man kann praktisch regelmäßig in Aufstellungen zu diesen Themen beobachten, dass plötzlich von den Füßen her eine unerklärliche Kälte aufsteigt, obwohl die Heizung auf Hochtouren läuft. Sensible Menschen reagieren auch mit Beklemmungsgefühlen in der Brust.

Ich nenne solche Seelen, die nach dem Tod nicht in die lichten Dimensionen des Bewusstseins aufsteigen, unerlöste Seelen.

Eine meiner ersten bewussten Wahrnehmungen von Verstorbenen hatte ich, als ich die Akupunktur-Technik kennen lernte, mit der ich auch heute noch arbeite (vgl. Dokument 10, Seite 121).

Ich übte die Technik der Erlösung von Verstorbenen an einem Freund. Zwei seiner Bekannten waren erschossen worden, ihre Energie war noch anwesend und belastend für meinen Freund.

Abends im Bett spürte ich, wie sich eine Energie auf mich zu bewegte, von der ich wahrnahm, dass es die Seelen der beiden Männer waren. Ich dachte nur „Lieber Gott hilf mir", verkroch mich unter meiner Bettdecke und rief: „Geht weg, ich will Euch hier nicht haben". Sie zogen sich auch sofort zurück.

Es gibt eine deutlich unterschiedliche Wahrnehmung von erlösten und unterlösten Seelen: Seelen, die erlöst sind, aber trotzdem eine Botschaft haben oder eine Bitte an uns, fühlen sich nicht kalt und bedrohlich an! Es ist in der Regel eine neutrale oder warme Energie. So wie sich auch die Gegenwart von Jesus Christus, Mutter Maria oder der Engel warm und liebevoll anfühlt.

Sobald die Seele den Körper verlässt, verlieren die Dimensionen Zeit und Raum ihre Bedeutung. Ich werde bei den einzelnen Beispielen darauf näher eingehen.

Es gibt zahlreiche Literatur zu Tod und Sterben (vgl. Literaturempfehlungen S. 124). Die Darstellungen in diesen Büchern haben mir geholfen, eine Idee von den Geschehnissen nach dem Tode zu bekommen. Mit Dankbarkeit für meine Patienten, die mir erlauben, sie zu begleiten, und mit Dankbarkeit für die Geistige Welt, die uns zur Seite steht, füge ich meine eigenen Wahrnehmungen und Erfahrungen hinzu.

Seele - Geist - Bewusstsein

Dem Thema des Lebens nach dem Tode habe ich mich nicht durch Nachdenken oder philosophische Überlegungen genähert, sondern durch die praktischen Erfahrungen mit meinen Patienten. Immer wieder traten Beschwerden und Krankheitssymptome auf, die verschwanden oder sich besserten, wenn eine anwesende Seelenenergie erlöst werden konnte. Besonders deutlich war dies auch in den Familien- und Organisationsaufstellungen. Die Menschen, die zu mir kamen, forderten Antworten auf ihre Fragen und Erklärungen für ihre Erlebnisse, die oft ihr Weltbild ins Wanken brachten oder ihnen Angst machten.
Hier skizziere ich mein derzeitiges Wissen, das durch neue Erfahrungen ständig verändert und erweitert wird.

Menschen, die unter dem Einfluss von Energien Verstorbener stehen, werden oft als „besetzt" bezeichnet. Ich habe mich lange gegen diesen Begriff gewehrt, weil es den Verstorbenen eine böse Absicht unterstellt, was insofern nicht stimmt, als die Energien getrieben sind und nicht wissen, was sie tun. Auch die zerstörerischen Tendenzen sind sehr selten eine bewusste Entscheidung. Allerdings habe ich inzwischen festgestellt, dass sowohl Lebende wie auch Verstorbene unter dem Einfluss von Gefühls- und Gedankenformen stehen können, die als Elementale oder sogar Dämonen bezeichnet werden. Menschen, die plötzlich und überraschend gewalttätig werden, sind z. B. von solchen Gefühls- und Gedankenformen ergriffen. Diese Art dämonischer Formen finden sich oft bei schwer psychisch oder geistig Kranken, bei Menschen mit Psychosen und schweren Depressionen. Leider sind diese Kräfte oft sehr stark, ich konnte nicht allen meinen Patienten helfen. Hier würde ich heute auch das Wort „Besessenheit" anwenden, denn diese Menschen haben keine vollständige Kontrolle mehr über ihre Geisteskräfte. In der Umgangssprache benutzt man ja auch den Ausdruck, jemand sei von einer Idee besessen, wenn er zwanghaft gemäß dieser Idee handeln muss und nicht davon abzubringen ist. Die Gründe, warum dies bei manchem Menschen geschieht und bei anderen nicht, sind mir noch verborgen.

Bewusstsein stelle ich mir als ein unendlich großes Feld vor – ein holografisches mehrdimensionales Feld. Mit unserem Körper und unserem Gehirn sind wir mit diesem Feld in Kontakt – wie eine riesige multidimensionale Antenne senden und empfangen wir alles, was existiert, gleichzeitig. Das Bewusstseinsfeld wird gespeist von allen Ebenen: von den Ebenen der göttlichen Quelle, den aufgestiegenen Meistern, den Engeln, bis hin zu den Ebenen der Energien, Gefühle und Gedanken der Planeten und Sterne, der Elemente, der feinstofflichen Naturwesen, Pflanzen, Tiere und Menschen – seit Anbeginn der Zeiten. Wer sich nicht vorstellen kann, dass Sterne auf uns wirken: Forscher haben bewiesen, dass die Aktivitäten der Sonne das Erdmagnetfeld verändern, was wiederum unsere Gefühls- und Gedankenlage verändert, Vollmond geht oft mit Schlaflosigkeit einher. Tiere spürten den herannahenden Tsunami und brachten sich in Sicherheit usw. Über dieses Bewusstseinsfeld ist alles mit allem vernetzt, eine Anschauung, die schon in den alten Weisheitsschriften der Hindus und Chinesen auftaucht (von noch früheren Kulturen haben wir keine schriftlichen Überlieferungen).

So erklärt es sich meiner Meinung nach auch, wie es bei den Aufstellungen von Familien, Orten und Firmen möglich ist, dass fremde Personen die Körpergefühle, Emotionen und Gedanken der Aufgestellten wahrnehmen (dies muss man nicht glauben, es ist inzwischen mehr-tausendfach bewiesen durch die zahlreichen Aufstellungen, die täglich stattfinden). In den Aufstellungen kann man auch beobachten, dass Orte, Gebäude und Dinge Energien, Gedanken, Gefühle und Informationen speichern und auf alle Wesen wirken, die mit diesen Orten, Gebäuden und Dingen zu tun haben.

Der Teil des Feldes, der die Gedanken und Gefühle speichert, wird auch Astralfeld genannt, die Ebene, die die Ereignisse und das Wissen speichert, heißt auch Akasha-Chronik. Hier geht nichts verloren. Ebenso wird irgendeine Erfahrung, die ein Mensch gemacht hat, nie in seinem Inneren vergessen – sie wird von ihm nur nicht bewusst erinnert. Unsere Existenz im menschlichen Körper hängt davon ab, dass wir einerseits die Informationen verschiedenster Ebenen empfangen, uns andererseits aber auch vor Überforderung durch Ausblenden schützen können.

Bei der Wahl des Fernsehprogramms entscheidet man: Was will ich auf mich wirken lassen? Ein Horror-Film bringt andere Gedanken und Gefühle in das Feld als ein Liebesfilm mit Happy-End. Im Alltag vergessen wir dies oft und lassen viel Undienliches in unser Feld.

Aber es gilt auch: Was will ich aussenden? Gedanken, die von Frieden, Liebe und Mitgefühl geprägt sind, erzeugen eine andere Umgebung, ein anderes Feld, ein anderes Klima, als Angst und Wut es tun.

Wahrscheinlich ist es ähnlich wie in der Physik: Der Energieerhaltungssatz erklärt: Energie geht nicht verloren, sie kann nur transformiert werden. So gehen auch zerstörerische, verzweifelte, depressive Gefühls- und Gedankenformen nicht verloren, sie können nicht gelöscht, sondern nur transformiert werden.

Es liegt letztendlich an uns selbst, womit wir in Resonanz gehen.

Unsere Gesellschaft heute produziert sehr viel Gewalt-Müll, Gier-Müll, Verlust-Müll und Angst-Müll, dem schon unsere Kinder ausgesetzt sind. Umso wichtiger ist es, an unseren eigenen unerlösten Gefühlen und Gedanken zu arbeiten, diese zu erlösen, um Liebe, Freiheit, positive Schöpferkraft, Akzeptanz, Toleranz und Weisheit in das Bewusstseinsfeld zu geben.

Ein friedvolles Sterben und ein Lichtweg nach dem Tod setzen ein möglichst bewusstes Leben voraus – „Man stirbt, wie man gelebt hat" (1).

Es ist meiner Erfahrung nach jedoch jederzeit – auch noch während des Sterbeprozesses, im Koma oder nach dem Tode möglich, behindernde und undienliche Gefühls- und Gedankenformen zu transformieren. Diese Transformation ist das, was mit dem Begriff „Erlösung" gemeint ist; denn eine solche Transformation erlöst uns von all dem, was in uns nicht mehr lichtvoll ist.

Gründe für Seelenverhaftungen

Allen unerlösten Seelen, denen ich helfen durfte, war gemeinsam, dass sie mit dem Leben im Körper, mit ihren damaligen Gefühlen und Gedanken zum Zeitpunkt des Todes, mit ihren Vorstellungen vom Tod oder mit ihrem Schicksal identifiziert waren. Sie waren mit ihrem begrenzten Bewusstsein identifiziert, das sie vor dem Tod hatten. Das, was sie vorher vom Leben wahrgenommen hatten oder was sie glaubten, war auch ihre Wahrheit danach. Gleichzeitig haben oft die noch Lebenden einen Anteil daran, dass die Seelen nicht aufsteigen können.

So vielfältig, wie Leben und Charakter eines jeden Menschen sind, so vielfältig sind auch die Situationen nach dem Tod. Oft kommen mehrere Beweggründe zusammen.

Die häufigsten Gründe für ein Unerlöst-Bleiben bei Verstorbenen sind:

Angst vor Strafe und Schuldgefühle

Dies ist mit der häufigste Grund, warum Seelen anhaften. Menschenseelen haben Angst, ihrem Schöpfer gegenüberzutreten, weil sie unvollkommen waren, haben Angst, bestraft zu werden, Angst in die Hölle zu kommen. Diese Ängste treten natürlich besonders dann auf, wenn zu Lebzeiten reale Schuld auf sich geladen wurde wie Gewalttaten, Missbrauch, Mord, Beteiligung an Vertreibung, Wucher und andere Handlungen aus niedrigen Beweggründen.

Aber auch Handlungen, die als Sünde oder unchristlich gelten, wie Selbstmord, Inzest unter Geschwistern, Homosexualität, Sexualität bei Priestern, mangelnde Hilfe für Familienangehörige und vieles mehr lassen die Seelen hier verharren und sich verstecken. Schuldgefühle können auch entstehen, wenn ein Geschehen überlebt wurde, bei dem viele andere gestorben waren.

Plötzlicher Tod und Tod durch Gewalttat

Menschen, die einen plötzlichen Tod sterben, wie durch akuten Herzstillstand, Lungenembolie, Autounfall, Mord oder im Krieg realisieren oft ihren Tod nicht. Sie hatten keine Zeit, sich auf das Sterben und das Leben danach vorzubereiten. Da sie sich bewusst vorfinden, verstehen sie nicht, dass sie tot sein sollen und können deshalb auch mit dem Ritual der Beerdigung nichts anfangen. Seelen, die durch kollektive Gewalt wie bei Kriegshandlungen oder Massenmorden sterben, sind oft von einem riesigen Feld von Vernichtungswillen, Hass, Angst und dem Wunsch nach Rache umgeben, das auch den Ort des Geschehens, die Erde und die dort lebenden Tiere, Pflanzen und Naturwesen belastet. Hier muss immer auch für die Täter und für die Transformation und Erlösung dieser Energien gebetet werden.

Die Seelen werden auch festgehalten durch die Gedankenformen der Menschen, die nicht im Krieg umgekommen sind oder die der Nachkommen der Getöteten. Die Lebenden wollen oft den Kampf bis zum Sieg; deren Nachkommen wollen oft Rache.

Zwischen Tätern und Opfern entsteht eine energetische Bindung. Wer nur für die Opfer betet oder nur der Opfer gedenkt, löst diese Bindung nicht auf, die Seelen werden nicht frei für das Licht. Dies wird nur erreicht, wenn auch die Täter erlöst werden. In der Aufstellungsarbeit Bert Hellingers (13) wurde die Wahrheit und tiefe Bedeutung der Aufforderung Jesu: „Liebet eure Feinde" sichtbar. Nur wenn den Tätern Liebe entgegengebracht wird, können sie sich zu ihren Taten bekennen, Bedauern und Reue entwickeln – eine Voraussetzung für die Seele, sich überhaupt ins Licht zu wagen.

Verwirrtheit des Verstandes

Diese Ursache nimmt zu, denn immer mehr Menschen sterben verwirrt. Sie haben eine Demenz oder erhalten starke, bewusstseins-eintrübende Medikamente. Der Sterbende und Verstorbene hat keinen Kontakt mehr zu seinen Seelenkräften, anstatt dass seine Seelenkräfte zunehmen, während seine Körperkräfte abnehmen. Auch Menschen mit so genannten Geisteskrankheiten, die schon zu Lebzeiten von fremden Gefühls- und Gedankenformen gesteuert wurden (man kann auch sagen, dass sie sich gegen einen unkontrollierten Kontakt mit dem Astralfeld nicht wehren konnten), sind nach dem Tod in der gleichen Verfassung. Hier kann Erlösung nur geschehen, wenn es gelingt, auch die besetzenden Gefühls- und Gedankenformen bis hin zu ihrer Quelle zu erlösen. Anton Styger hat damit umfangreiche Erfahrungen gemacht (10, 11)

Süchte

Auch Alkoholiker, Drogenabhängige und andere Süchtige sind schon zu Lebzeiten von zahlreichen unerlösten Seelen umgeben.

Süchtige haben vergessen, dass sie einen göttlichen Funken in sich haben, die Wahrnehmung von lichtvollen Gedanken und Ebenen ist verschüttet, sie leben nur noch ihrer Sucht. Diese Sucht öffnet sie für die Energie unerlöster Seelen, vorzugsweise ebenfalls ehemaliger Süchtiger, die auch nach dem Tod noch süchtig sind, da sie auch hier das Licht nicht wahrnehmen können.

Hass, Zorn, Rachewünsche

Seelenaspekte von Menschen, die mit unerlösten Hassgefühlen sterben, bleiben verhaftet. Sie sind nicht in Frieden, wissen nicht, wohin mit ihrem Zorn. Schlimm für die Lebenden wird es, wenn sie eine Resonanz gestatten und selbst aggressiv denken und handeln. Das kann über Generationen weiter getragen werden. Menschen, die an Orten oder in Häusern wohnen, wo eine solche Energie herrscht, haben häufig Streit miteinander.

Fluch und Verwünschung

Flüche und Verwünschungen werden ausgesprochen, wenn jemandem etwas Schlimmes zugefügt wurde oder ihm Unrecht getan wurde, manchmal auch aus Neid. Folge ist, dass weder Verfluchter noch Verfluchender ins Licht können, da durch den Fluch ein Band entsteht. Ähnlich wie beim Sterben in Zorn ist oft der Ort des Geschehens und alles, was an diesem Ort existiert, in den Fluch mit einbezogen.

Verhaftung an die Freuden der Welt

Manche Menschen können das Schöne dieser Welt nicht loslassen. Meist wollen sie weiter die Befriedigung des Berufes auskosten oder mit ihren Liebsten sein.

Etwas in Ordnung oder zu Ende bringen wollen

Einige möchten noch etwas beenden. Sie wollen das Haus fertig bauen, dafür sorgen, dass genug Geld da ist, ihre Angehörigen beschützen oder auch einen Streit beenden. Die Wirkung ist in der Regel trotzdem negativ, da es sich um unerlöste, verhaftete Energie handelt.

Erlöste Seelen mit Schutzengelfunktion wirken nicht belastend. Sie wirken aus den lichten Ebenen heraus.

Die Idee des Todes als etwas Absolutem

Menschen, die glauben, nach dem Tode sei alles zu Ende, es gebe kein Leben danach, oder jene, die glauben, sie ruhten in einer Art Schlaf bis zum Jüngsten Tag, tun sich auch schwer mit der Orientierung nach dem Sterben. Entweder glauben sie nicht daran, tot zu sein, da sie ja Bewusstsein haben, oder sie kreieren sich einen Zustand der Pseudo-Bewusstlosigkeit. Beides verunmöglicht den Weg in die höheren Dimensionen.

Der Beitrag der Lebenden, die Seelen hier festzuhalten, liegt ebenfalls in einer Identifikation mit dem Gewesenen und einem nicht Anerkennen-Wollen dessen, was ist – Angst in vielen Variationen liegt dem zu Grunde. Beobachtet habe ich im Besonderen:

Behalten wollen

Der häufigste Grund, den wir alle kennen, ist der, sich von der geliebten Person, dem geliebten Tier oder einem geliebten Ort nicht trennen zu wollen. Die Seele wird gefesselt durch den Wunsch, der Tod möge nicht geschehen sein. Viele Menschen können ihre Liebsten nicht ziehen lassen. Dies betrifft natürlich besonders Mütter, die den Verlust eines oder mehrerer Kinder haben ertragen müssen. Der Schmerz scheint zu groß und betrifft auch fehlgeborene oder tot geborene Kinder.

Das Behalten-Wollen kann extreme Formen annehmen. So erzählte mir ein Mann, dass er seine schwerst krebskranke Frau mehrmals hatte reanimieren hatte lassen!

Schuldgefühle

Menschen, die sich schuldig fühlen, binden die Seelen ebenfalls an sich. Eine reale Schuld bedarf der Selbsterkenntnis, der Anerkennung der Schuld, des Bedauerns über das eigene Verhalten (Reue) und der Vergebung sich selbst gegenüber. Für ein Festhalten der Seelen hier genügt es aber schon, sich schuldig zu fühlen.

Menschen glauben manchmal, sie hätten den Tod verhindern können, hätten besser aufpassen müssen, hätten noch einen anderen Arzt aufsuchen müssen, hätten spüren müssen, dass der andere sich umbringen will, hätten beim Sterben dabei sein müssen, sich aussöhnen müssen, ihr/ihm etwas nicht verweigern dürfen, hätten ebenfalls sterben müssen usw. Die Funktion der Schuldgefühle erkennt man an der Wirkung: sie halten die Seele hier fest, was ja auch der eigentliche Wunsch des Lebenden ist: der geliebte Mensch, das geliebte Tier möge nicht gestorben sein.

Zorn auf die Verstorbenen

Nicht nur Liebe ist Kitt, sondern auch Wut und Zorn binden. Die Angehörigen, meist Ehepartner oder Kinder, halten fest, weil sie keine Chance mehr haben, die Beziehung anders zu erleben. Sie haben Vorwürfe, die um folgende Themen kreisen:

Er/sie hat sich einfach davon gemacht....
Sie/er ist gestorben und hat mich einfach im Stich gelassen...
wie kann er/sie einfach sterben, er/sie weiß doch, wie sehr ich ihn/sie brauche...
Erst macht er/sie mir das Leben schwer, und dann geht er/sie einfach....
Er/sie war nie für mich da....

Tötet jemand einen anderen Menschen, entsteht ebenfalls eine Bindung, die fortbesteht. Die Seele kann nicht ins Licht, ihr ehemaliger Mörder auch nicht.
Denken Lebende mit Hass, Flüchen und Vernichtungs-

willen an andere, die dann tatsächlich sterben, obwohl sie sie nicht selbst getötet haben, entsteht eine ähnliche Bindung. Wenn diese Menschen dann sterben, sind ihre Seelen ebenfalls nicht frei.

Verhaftung mit früheren Leben

Alle genannten Gründe können dazu führen, dass noch eine Identifikation mit Erlebnissen und Energien aus früheren Leben besteht. Dem Menschen damals gelang ein friedvolles Sterben nicht, und er verwechselt dann oft Menschen aus diesem Leben mit jenen aus früheren Leben und versucht mit ihnen, das Damalige jetzt zu vollenden, was misslingen muss. Durch die Verhaftung mit damals hat er Gefühls- und Gedankenmuster mitgebracht, die hier undienlich sind, oder es fehlen ihm Seelenqualitäten, die er sozusagen im Früher zurückgelassen hat.

Typische Beschwerden bei Anwesenheit unerlöster Seelen

Es gibt eine ganze Reihe von Beschwerden, die sehr typisch sind für die Anwesenheit von unerlösten Seelen. Dazu gehören

- nächtliches Schreien und Schlafstörungen von Säuglingen und älteren Kindern, bei denen anderweitige Ursachen ausgeschlossen sind, besonders an bestimmten Schlafplätzen in der Wohnung

- nächtliches Erwachen mit Panik und Druck auf der Brust und Herzrasen

- Paniksymptome, die wie aus heiterem Himmel plötzlich da sind

- ein „unheimliches" Gefühl in bestimmten Räumen in der Wohnung oder an bestimmten Orten in der Umgebung

- Orte in der Wohnung oder Umgebung, die von Haustieren und Pferden gemieden werden oder an denen kleine Kinder anfangen zu weinen und sich anzuklammern

- familiäre oder finanzielle Probleme, die erst nach einem Umzug oder mit der Gründung eines Geschäftes an einem anderen Ort beginnen

- ein Gefühl, irgendein Erinnerungsstück eines Verstorbenen nicht so richtig zu mögen

- ein Gefühl von Schwäche oder Unwohlsein oder Gereizt-
heit, dass nach einem bestimmten Ereignis aufgetreten ist
(das Ereignis wird mit der Befindlichkeit nicht in Beziehung gesetzt)

- eine Erkältung oder eine andere eigentlich banale Erkrankung, die nicht aufhören will oder immer wieder-
kehrt, obwohl andere Ursachen ausgeschlossen sind

- immer wiederkehrende Unfälle

- das Gefühl, irgendetwas im Leben sei „wie verhext"

- Neigung zu häufigem Streit in der Familie, den alle eigentlich gar nicht wollen

- Missstimmungen am Arbeitsplatz, von denen die mei-
sten Mitarbeiter betroffen sind

- Operationswunden, die schlecht heilen, Narben, die nicht
aufhören zu schmerzen oder taub zu sein, obwohl es dafür
keinen anatomischen Grund gibt

- nach einer Operation oder einem anderen Schockereig-
nis wie einem Unfall nie wieder ganz gesund zu sein, nicht
mehr richtig schlafen zu können, sich nicht mehr in seiner
Mitte und Kraft zu fühlen

- Konzentrations- und Lernstörungen, vor allem, wenn sie
früher so nicht aufgetreten waren

Da der Mensch eine Einheit von Körper, Seele und Geist ist, sind natürlich bei ALLEN Erkrankungen auch unerlöste Gefühls- und Gedankenformen beteiligt. Da ich gezielt danach suche, finde ich bei Erkrankungen fast immer unerlöste Anteile von Seelen bereits Verstorbener oder aus früheren Leben. Es ist aber nicht immer klar, ob diese Aspekte eine Mit-Ursache der Erkrankung sind, oder ob sie sich im Aurabereich einer Erkrankung nur häufiger aufhalten.

Beispiele für Verstrickungen und Anhaftungen von Seelen und deren Lösung - Einleitung

Ich möchte Beispiele für Verstrickungen und Anhaftungen von Seelen oder Seelenaspekten schildern. Die Beispiele sind willkürlich nach Haupt-Themen geordnet. Es sind aber praktisch immer kombinierte Situationen, vermischte Gefühls- und Gedankenformen, die zu den Anhaftungen führen.

Meist gelingt es mir während der Arbeit mit den Patienten, zu hören, zu fühlen oder vor meinem inneren Auge zu sehen, warum der oder die Verstorbenen hier feststecken, und was der Anteil der Lebenden daran ist. Verstorbene und Lebende sind nach meiner Beobachtung fast immer durch eine bestimmte ähnliche Gefühls- und Gedankenform verbunden.

Die Heilarbeit hat immer eine bestimmte Grundstruktur: Ich bitte Jesus Christus um Hilfe, bitte um Erlösung aller Beteiligten, bitte darum, dass die Seele ihre Verhaftung erkennt, die Lichtwesen erkennt und sich ins Licht wagt. Manchmal bitte ich auch noch Erzengel Michael darum, spezielle Energiebänder zwischen Lebenden und Toten zu erlösen. Solche Energiebänder entstehen z. B. durch Wut, Empörung, Neid, Verfluchung, Behalten Wollen usw. Bei Orten und Häusern bitte ich auch um die Erlösung der Naturwesen und Elemente. Im Kapitel „Hilfe für Hinterbliebene" (S. 97 ff) wird dies zusammenfassend beschrieben.

Um dieses Buch schreiben zu können, habe ich nur ca. drei Monate lang die Erfahrungen der Behandlungen notiert. Nur wenige der 48 Beispiele in diesem Buch sind länger zurückliegende Behandlungen. Ich habe sie übernommen, weil sie so eindrucksvoll sind.

Beispiele für die Wirkung scheinbar zufälliger Anhaftung von Seelen fremder Verstorbener

Oft heften sich unerlöste Seelen an, die mit den Menschen nicht persönlich bekannt sind. Dies geschieht besonders dort, wo sich viele unerlöste Seelen aufhalten: In Krankenhäusern, auf Friedhöfen, in Gaststätten mit vorwiegendem Alkoholkonsum oder bei größeren Menschenansammlungen.

Beispiel 1

Eine junge Frau ist seit einigen Wochen schlapp, hat Gliederschmerzen und Übelkeit. Tagsüber friert sie, nachts schwitzt sie. Man nahm als Ursache eine Lebensmittelinfektion an, die mit verschiedenen Medikamenten behandelt wurde. Meine Untersuchung ergab eine Infektion mit Leberbeteiligung – der Darm war energielos und lag brach, er ließ keine Energie hinein und auch keine hinaus. Anhaftend im Bauchbereich war die Energie einer fremden Frau, die verwirrt gestorben war und nicht wusste, wo sie war und wohin sie gehörte. Sie kam zu ihr, als die Patientin bei einer Beerdigung einer Angehörigen war.

Beispiel 2

Ein ca. 3 ½ jähriges Mädchen musste nach einem Unfall operiert werden. Die Wunde heilte nur langsam, mit körperlicher Besserung wird das Kind zunehmend verstört, wacht nachts schreiend auf und ist kaum zu beruhigen. Es klammert auch tagsüber an der Mutter, schaukelt sich hin und her, nässt wieder ein, will nichts essen. Es sind Zeichen, die an eine posttraumatische Belastungsreaktion denken lassen – nur helfen die üblichen Behandlungsmethoden nicht, weder Homöopathie noch energetische Psychotherapie. Im Krankenhaus hatte sich die Seele eines verstorbenen Kindes, das sich einsam und verloren fühlte, angehängt. Ganz sicher hatte sich das 3 ½ jährige Mädchen auch einsam und verloren im Krankenhaus gefühlt. Die Erlösung dieses verstorbenen Kindes führte dann dazu, dass auch die Symptome des Mädchens behandelbar wurden, und es sich erholte.

Beispiel 3

Eine Patientin kam wegen verschiedener Beschwerden, unter anderem wegen einer längere Zeit bestehenden Bronchitis. Sie konnte oft nicht durchatmen. Einige Monate zuvor war sie wegen einer Verletzung im Krankenhaus gewesen. Dort war die Seele eines Mädchens, das mit 5 Jahren an Leukämie gestorben war, zu ihr in die Brust gekommen. Die Patientin hat mit kleinen Kindern beruflich zu tun und ist sehr liebevoll zu ihnen. Als Kind fühlte sie sich oft unverstanden, im Krankenhaus einsam und verlassen – genau die Resonanz zu den Gefühlen des Mädchens. Das Kind fühlte sich so wohl bei ihr, es hatte sich in ihr versteckt und wollte nicht weg. Zusätzlich zu den Gebeten bat ich sie, einen Dialog mit dem Kind zu führen: Sie solle ihm versichern, dass sie es verstehe und gerne für es sorge, aber sie sei nicht das

Zu Hause des Kindes, auch nicht Mama und Papa. Ihr Zu Hause sei jetzt woanders, im Licht. Die Patientin hatte dann das innere Bild eines weißen Vogels, auf den sich das Kind setzt und wegfliegt.

Beispiel 4

Ein acht Jahre altes Mädchen, sehr zart wie eine Elfe, aber auch zäh, wie alle diese zarten Persönchen, bekam nach dem Tanzunterricht Fieber und Gliederschmerzen, das homöopathische Mittel half. Dann wieder Fieber und Halsweh. Ich nahm mit meinen energetischen Augen ein kleines Mädchen wahr, das auf ihrer Brust hockte und wütend auf sie eintrommelte. Es benötigte die Erlösung von Zorn und Neid, dass sie nie tanzen lernen durfte und jetzt keinen Körper mehr hatte, um zu tanzen. Außerdem war das tote Mädchen wütend, dass ihr von der Patientin keine Beachtung geschenkt wurde. Nachdem ich das Erlösungsritual dieser Emotionen beendet hatte, wurde die ganze Trauer und Verzweiflung des verstorbenen Kindes und seiner Eltern spürbar. Nach der Behandlung fragte ich meine Patientin, wie sie sich fühlte: Besser, und der Druck auf der Brust sei auch weg (von dem hatte sie mir gar nichts erzählt). Die Mutter wollte wissen, warum gerade ihre Tochter immer wieder solche Erlebnisse habe. Die Information, die ich dazu erhielt: Das Kind wolle die Erde lichter und schöner machen, deshalb sauge sie Unerlöstes an. Da sie dies aber derzeit nicht bewusst wahrnehme und nicht wisse, wie sie die unerlöste Energie weiterleiten soll, bleibe diese Energie an ihrem Körper hängen und erzeuge Krankheitssymptome. Hier können morgendliche und abendliche Licht- und Erlösungsgebete helfen, die die

Mutter mit dem Kind machen kann. Der Gesundheitszustand des Kindes besserte sich noch am selben Tag.

Beispiel 5

Ein Teenager kam mit seiner Mutter, das Mädchen hatte Erkältungssymptome, Bronchitis und einen Druck auf der Brust „wie ein Stein". Während der Behandlung, bei der auch eine unerlöste Seele von der Brust gehen konnte, sagte die Mutter, das Gefühl sei doch wohl nicht auf sie übergesprungen, sie habe jetzt einen Druck auf der Brust. Ich konnte jedoch nichts wahrnehmen, und bat sie, abzuwarten und zu beten. Eine Woche später kam die Mutter dann mit ausgeprägten Erkältungssymptomen, Bronchitis, Husten und Druck auf der Brust, der durch die Gebete nur für kurze Zeit verschwand.

Es zeigten sich nacheinander drei unerlöste Seelen (andere als bei der Tochter): ein Teenager, der nicht wusste, wo er war und wohin er sollte, das junge Mädchen, das vor kurzem auf dem Schulweg von einem Zug überrollt worden war, und ein junger Mann, der sich vage an einen Motorradunfall erinnerte, glaubte, sich nicht bewegen zu können und sich schuldig fühlte, da er seinen Tod durch unachtsames Fahren selbst verursacht hatte. Erst als für jede der drei Seelen ein passendes Erlösungsritual gemacht worden war, ging der Druck auf der Brust der Patientin ganz weg.

Diese Beispiele zeigen, dass die Energie von Viren und Bakterien in diese Prozesse mit eingebunden wird. Meiner Erfahrung nach gilt: alles, was existiert, kann sich den bewussten oder unbewussten Absichten des Menschen unterordnen

- möglicherweise auch den Wünschen unerlöster Seelen. Außerdem entsteht der Eindruck, dass die unerlösten Seelen sich auch von Personen angezogen fühlen, bei denen eine Erlösung später möglich ist, z. B. weil der Mensch in meine Behandlung kommt. Dies ist aber eine reine Vermutung, ich habe dazu keine konkreten Informationen erhalten.

Beispiel 6

Die Mutter kam mit ihrem gut einjährigen Sohn, der schon wegen Neurodermitis woanders in Behandlung gewesen war. Mir fiel auf, dass das Kind einen etwas gequälten Gesichtsausdruck hatte. Es wollte sofort wieder weg und auf dem Arm der Mutter schlug es nach mir. Seine Qual und sein Zorn gehörten einer alten Frau, deren unerlösten Seelenaspekt er bei einem Treffen mit anderen Kindern und Eltern übernommen hatte. Nach der Erlösung der Energie war das Kind sehr freundlich zu mir, obwohl es natürlich immer noch gern raus wollte. Meine Testung ergab auch keine unverträglichen Lebensmittel, sondern nur eine ausgeprägte Reaktion auf die Energien der Umgebung. Ich habe der Mutter vorgeschlagen, das Kind immer in ein Schutzlicht zu hüllen, wenn sie es in die Krabbelgruppe bringt oder es mit anderen zusammen ist, und um Reinigungslicht zu bitten, wenn sie es wieder abholt.

Beispiel 7

Der Patient hatte Schmerzen im Unterbauch und wurde deshalb schon untersucht, ohne krankhaften Befund. In dieser Körperregion fand sich die Seele eines alten

Mannes, der bei einer Beerdigung mitgekommen war. Er war völlig verwirrt, hatte Angst und sich in der Aura des Darmes „versteckt". Die Resonanz mit dem Patienten geschah über das Thema, das der Patient mit der Welt hatte: sich und die Welt nicht verstehen, verwirrt sein über die Welt und sich gern von ihr zurückziehen wollen.

Beispiel 8

Die Mutter kam mit ihrem Säugling, der bereits kurz nach der Geburt operiert worden war. Die OP-Narbe und die Umgebung waren noch immer hart und verspannt. Dort war die Seele einer Frau, die gestorben war, ohne je ein Kind haben zu können, was sie schrecklich fand. Sie hatte so gerne ein Kind gewollt. Das Kind schrie während der Behandlung fürchterlich, obwohl ich es - neben den Gebeten - nur mit farbigem Licht behandelte. Bei der Nachuntersuchung waren Narbe und Bauch deutlich besser.

Beispiele für die Wirkung von Gewalttaten und Verfluchung auf Orte und die dort Lebenden

Beispiel 9

Eine Frau hatte Probleme am Arbeitsplatz, sie bekam Verspannungen, einen Druck im Kopf und Konzentrationsstörungen. Dies verstärkte sich, wenn noch andere im Raum waren. Die Aufstellung ergab, dass sich auch die anderen Mitarbeiter nicht wohl fühlen, denn an dem Ort, an dem sich heute ihr Arbeitsplatz befindet, hatte einmal ein Mord an einer Frau stattgefunden. Die Seele war nicht erlöst. Mit Hilfe der Gebete, der Botschaften und der Liebe von Jesus Christus und Maria gelang die Erlösung.

Beispiel 10

Ein Säugling schreckte mehrmals nachts weinend aus dem Schlaf auf und war schwer zu beruhigen. Bei der Aufstellung fühlte sich das Baby wie das Haus, in dem die Familie wohnt. Erbaut worden war es vom Großvater. Die weitere Aufstellung ergab, dass einige Generationen vorher dort an der Stelle eine Hinrichtung geschah – es war nicht erkennbar, ob legal oder illegal. Dem Hingerichteten war vorgeworfen worden, eine Frau getötet zu haben. Er war aber nicht der Täter und verfluchte alle Anwesenden. Der ganze Ort, der Hingerichtete, seine Mörder, die Ermordete und ihr wahrer Mörder waren verflucht und in Unfrieden.

Erlösung geschah, nachdem in der Aufstellung der wahre Täter seine Tat gestanden hatte und alle damals Beteiligten um die Frau und den unschuldig Getöteten getrauert hatten. Mit dem Strahl der Gnade wurden auch die Elementarwesen und die Elemente des Ortes erlöst. Das Baby war anwesend bei der Aufstellung. Als ich die Nacht dazustellte, fielen dem Kleinen gleich die Augen zu ...

Beispiel 11

Eine Patientin hatte seit vielen Jahren eine immer wieder aufflammende Entzündung der Haut, die im letzten Urlaub wieder extrem schlimmer wurde. Die Krankheit begann bei einem Ausflug in die Berge - die Seele einer aus Habgier ermordeten Frau hatte sich angeheftet, die völlig blind vor zerstörerischer Wut war, die alles zerstören wollte, was ihr begegnete. Bei der Erlösungsarbeit fanden sich auch Gefühle von Verraten-worden-sein, Enttäuschung und ohnmächtigem Zorn – alles Gefühle, die die Patientin auch damals in abgeschwächter Form hatte. Diese Gefühle wirkten als Resonanzbänder für eine Anziehung zwischen der Seele der Ermordeten und dem Energiekörper der Patientin.

Beispiel 12

Oft sind die Seelen von Opfern von Gewalttaten aus kollektiven Geschehnissen wie Krieg oder Ermordung Wehrloser nicht erlöst. Die Seelen der Täter ebenfalls nicht. Dazu hatte ich vor vielen Jahren ein eindringliches Erlebnis, als ich begann, mich für die Aufstellungsarbeit zu interessieren. Auf einem Kongress besuchte ich ein Seminar für Organisationsaufstellungen und die Leiterin demonstrierte ihre Arbeit. Eine Ärztin wollte wissen, warum sie vom Chef gemobbt wird. Es handelte sich um eine Klinik für psychiatrisch Erkrankte. Während die Stellvertreterin der Ärztin im Schlussbild ihrem Chef und Oberarzt gegenüberstand, nahm ich hinter ihr zahlreiche ehemalige Patienten wahr – alles während der Nazizeit ermordete Patienten, die man damals Anstaltsinsassen nannte. Während die Aufstellungsleiterin für die Ärztin eine aktuell tragfähige Lösung fand, war mir klar geworden: die Ärztin trug stellvertretend die Energie der Getöteten, und ihr Chef war energetisch mit den Tätern verbunden.

Damals hatte ich noch keinen Zugang zu mentalen Heilmöglichkeiten und bat lediglich um Hilfe für die Betroffenen.

Beispiel 13

Eine Patientin wollte den Arbeitsplatz wechseln, aber etwas hielt sie an dem alten Arbeitsplatz fest. Es waren die Schicksale an diesem Ort. Die Stadt, in der ihr alter Arbeitsplatz ist, hat eine Psychiatrische Klinik, in der zur Zeit des deutschen Faschismus Behinderte ermordet worden waren. Die Seelen der Beteiligten waren unerlöst. Die Patientin hatte in einem früheren Leben dort auch gelebt und darunter gelitten, dass sie nicht helfen konnte. Eine damalige Verwandte von ihr hatte zu den Ermordeten gehört. In der Patientin wirkte der Satz: „Ich passe hier auf und gehe erst weg, wenn das alles geheilt ist". Diese Absicht ist liebevoll gemeint, jedoch eher hinderlich für den Heilungsweg, denn damit stellt sich die Patientin auf eine gewisse

Weise zwischen die Seelen und Gott. In der Aufstellung kann man die Wirkung einer solchen Haltung sofort überprüfen: es geht allen schlecht damit. Erlösung aller geschah durch Gebete und Rituale, also das Freimachen des Seelenweges zu Jesus Christus. Auch die Patientin wurde dadurch frei für einen Wechsel an ihre neue Arbeitsstelle.

Beispiel 14

Ein Patient, der als Kind sehr viele Schläge bekommen hatte, spielt gern Fußball. Er bekam aber immer Beschwerden in den Gelenken und Muskeln – nicht beim ersten Spiel nach der Wintersaison, sondern erst ab dem zweiten.

Beim ersten Spiel spielte er noch sehr gut, dann traten in den folgenden Spielen immer mehr Schmerzen auf. Bei der Bearbeitung des Themas stellte sich heraus, dass der ganze Ort, wo das Spielfeld liegt, im 11. Jahrhundert ein Schlachtfeld war mit vielen unerlösten Seelen, unerlösten Naturwesen und Energien von Vernichtungs- und Zerstörungswillen. Seine Resonanz war genau dieser Zerstörungswille – so hat er die Schläge als Kind erlebt. Bei der Erlösung dieses Gebietes war für ihn auch wichtig, den Unterschied zu erkennen und zu fühlen zwischen einem Krieg, wo der Sieg nur durch Vernichtung des Gegners erfolgt, und einem Fußballspiel – einem spielerischen Kampf, wo der Sieg durch Einsatz und Freude am Spiel geschieht. Der gleiche Patient war auch offen für die unerlösten Tierseelen, die an einem Ort gequält worden waren. Hier musste wieder Erlösung für beide Seiten stattfinden – für die Tiere und für den Tierquäler. Auf einem anderen Sportplatz bekam er ebenfalls Probleme: diesmal spürte er den Fluch einer Ehefrau auf das Fußballspielen insgesamt. Ihr Mann hatte sich beim Fußballspielen sehr schwer verletzt.

An diesem Patienten bestätigte sich auch die Beobachtung: gerade Menschen mit Gewalterfahrungen oder der Erfahrung von Todesnähe sind besonders sensitiv für die unerlösten Energien. Sie haben die schlimmen Erfahrungen nicht integriert und bieten daher Unerlöstem eine größere Resonanzfläche (vielleicht geschehen schlimme Erfahrungen manchmal ja auch, weil sie den Unerlösten helfen wollen, wer weiß?)

Beispiel 15

Eine Patientin hatte in ihrer Wohnung Orte, wo sie sich nicht gern aufhielt. Dort konnte sie nicht sitzen, wollte weg davon, es überlief sie, kribbelte, und sie konnte sich nicht konzentrieren. Rücken und Kopf begannen zu schmerzen. Ihr Haus hatten sie und ihr Mann vor über 20 Jahren gebaut, das Land war von einem entfernten Verwandten gekauft worden. In der Aufstellung zeigte sich, dass der Urgroßvater des Verwandten seinem Sohn das Land nicht gern vermacht hatte. Seine Frau war im Kindbett bei der Geburt des Sohnes gestorben. Der Urgroßvater hatte innerlich seinem Sohn die Schuld am Tod seiner Frau gegeben – die Trauer um seine Frau war zu groß gewesen, er hatte sein Kind nicht wirklich annehmen können. Diese innere Einstellung hatte wie ein Fluch auf die Nachgeborenen gewirkt. Wie immer in den Aufstellungen bat ich Jesus Christus um Hilfe. Seine Botschaft: Die Geburt des Kindes war nicht die Ursache des Todes, sondern der Anlass, den die junge Frau suchte, um den Körper zu verlassen. Sie wollte gehen – aus welchen Gründen auch immer, die die Nachgeborenen nicht kennen müssen. Diese Information hatte eine heilende Wirkung auf alle.

Hier bestätigt sich auch wieder eine Botschaft, die ich im Zusammenhang mit einer anderen Aufstellung erhielt: übermäßige Trauer (nicht loslassen) ist gegen die göttliche Ordnung – denn sie hat schlimme Wirkungen.

Beispiele für die Wirkung von Schuldgefühlen

Schuldgefühle können beim Verstorbenen oder beim Überlebenden vorliegen. Sie sind ähnlich wie Wut, Zorn und Hass ein starkes Band, das zu Anhaftung führt, genau so wie eine Liebe, die das Vertraute und Geliebte nicht hergeben will.

Beispiel 16

Eine Patientin kam drei Monate nach dem Tod ihres männlichen Haustieres. Sie weinte noch immer darum, sie konnte sich nicht vorstellen, jemals ein neues Haustier zu haben. Sie fand, der Schmerz sei schlimmer als der beim Tode ihrer Mutter, was sie selbst irritierte. Ihr Vater und ihre Schwester waren derzeit auch schwer krank. In der Nähe der Patientin spürte ich einen Druck im Nacken, wie eine dunkle Wolke. Dies fühlte sich an wie ein schlechtes Gewissen. Auf Nachfrage erzählte die Patientin, sie habe wirklich ein schlechtes Gewissen, sie habe mit dem Tier noch zu einer Spezialuntersuchung gehen wollen, es sei dann aber zu schwach gewesen, und sie habe es einschläfern lassen. Das Tier teilte ihr dann mit: "Liebe Menschenmama, ich bin sehr viel länger am Leben geblieben, als ich wollte – deinetwegen. Ich finde es entwürdigend, für diese Trauer verantwortlich sein zu sollen. Ich will keine schwarze Wolke über deinem Leben sein, sondern eine schöne Erinnerung an die Freude, die wir gemeinsam hatten. Tiere bedauern nichts, Bedauern und Nachtrauern ist

45

typisch menschlich. Tiere haben auch Emotionen, auch Trauer, aber nur in dem Moment, indem es geschieht. Sollten Tiere länger trauern, dann wollen sie auf etwas bei den Menschen-Eltern aufmerksam machen, z. B. dass diese etwas tun sollen. Oder sie wollen auch sterben, oder sie spiegeln den Menschen etwas. Ich als Tierseele in einem Tierkörper hätte schon längst einen neuen Partner, wenn mein Tier-Partner gestorben wäre".

Die Patientin berichtete dann davon, dass sie sich schon ein neues Tier gewünscht hätte, eins, das genauso aussieht wie ihr Haustier aussah. Sie habe auch schon einen Traum gehabt, indem sie aufgefordert worden sei, zu einem Ort zu gehen, wo das Tier von ihr gefunden werden wollte. Diesen Ort gibt es tatsächlich, sie war dort, und es gibt auch ein entsprechendes Tier! Ich fragte sie, wie viele Zeichen sie noch brauche. Ihr verstorbenes Tier habe doch sehr deutlich gemacht, was es sich wünsche. Den Lösungsgeboten schlossen wir auch ein Ritual an. Sie sollte ihm sagen: „Bei mir warst du in den besten Händen, als du noch einen Körper hattest. Jetzt, entkörpert, gebe ich dich in die Hände von Maria, dort bist du dann auch in den besten Händen." Dies half der Patientin. Es war nicht das Tier, das nicht loslassen konnte, sondern die Frau. Doch dadurch war auch das Tier noch nicht ganz frei.

Beim Bearbeiten dieses Textes kommt mir der Gedanke, das es sich um eine mögliche Verschiebung von Trauer und Schuldgefühlen gegenüber ihrer Familie oder aus früheren Leben handeln könnte, denn die Diskrepanz zwischen der Stärke der Trauer Hund-Mutter, der realen „Schuld" und der Stärke der Schuldgefühle ist ja auffallend. Während die Patientin bei mir war, kam mir dieser Gedanke jedoch nicht.

Beispiel 17

Die Schwester des Patienten hatte sich in einem verwirrten Zustand umgebracht.

Wir haben schon mehrfach daran gearbeitet, aber sie hatte bisher noch keinen Frieden, trotz Aufstellungsarbeit und obwohl auch um Erlösung der Seelen gebeten wurde, die den Suizid als unausweichlich für sie haben erscheinen lassen. Die Schuldgefühle der Schwester darüber, sich selbst umgebracht zu haben, binden sich mit denen der Verwandten: Alle Verwandten haben Schuldgefühle, den Suizid nicht verhindert zu haben, er selbst auch. Der Patient kommt regelmäßig, die Seele seiner verstorbenen Schwester war öfter bei ihm. Bei seiner letzten Behandlung bei mir plagte er sich mit einer langen Erkältung. Diesmal hatte die Resonanz der Schuldgefühle zu einer Anhaftung der Seele einer fremden Frau geführt, die sich vor den Zug geworfen hatte – er pendelt jeden Tag mit dem Zug auf dieser Strecke! Die kleine Nichte bekam in der Folge Konzentrationsprobleme und Einnässen. Ihre Tante war bei ihr, ebenfalls gebunden über Schuldgefühle: das Kind fühlte sich schuldig, weil es nicht bei der Beerdigung gewesen war.

Hier ist es wichtig, dass die ganze Familie das Thema Schuld erlöst, das wahrscheinlich auf reale Vorfälle bei den Vorfahren basiert, die möglicherweise schuldig geworden waren oder Opfer von Gewalttaten oder beides.

Beispiel 18

Eine Patientin war seit längerer Zeit innerlich unzufrieden, hatte immer eine diffuse Angst, es könne etwas Schlimmes passieren. Nachts lag sie wach und grübelte darüber nach. Kinesiologisch testete ich sie auf die Aussage, dass sie zufrieden und angstfrei sein dürfe, mit „nicht erlaubt" und „nicht verdient haben". Sie dürfe das nicht, denn sie habe schon mal nicht aufgepasst und so habe sie zwei Fehlgeburten gehabt. Sie habe es nicht verdient, weil sie nicht bei ihrem Großvater gewesen war, als er im Krankenhaus gestorben sei. Sie war in dieser Zeit mit ihren Kindern zur Kur. In der Erlösungsarbeit konnte sie anerkennen, dass sie die Seelen der Kinder freigeben darf, sie der Göttlichen Mutter Maria überlassen darf, denn sie könne nicht wissen, warum die Seelen wieder gegangen seien. Das geistige Gespräch mit dem verstorbenen Großvater ergab, dass er die Chance genutzt hatte, noch vor seiner Operation zu gehen, denn er wäre wahrscheinlich ein Pflegefall geworden, was er nicht gewollt hatte.

Bezüglich der Schuldgefühle und des Schicksals, fehlgeboren zu werden, kann man wahrscheinlich noch tiefer liegende Gründe aus früheren Leben finden. Wenn in der Arbeit jedoch eine Erlösung geschehen ist, verzichte ich auf „Tiefer Graben" – ich arbeite nur mit den Seelen und Seelen-Themen, die sich zeigen. Wenn die Seele es will, werden sich im Laufe der Zeit weitere Themen ergeben.

Beispiele für die Wirkung von Sucht und Selbsttötung

Menschen, die an oder mit einer Sucht gestorben sind, die sich selbst getötet haben oder geistig umnachtet starben, sind scheinbar nie spontan erlöst. Sie machen da weiter, wo sie aufgehört haben. Hellsichtige beschreiben, dass Selbstmörder die Todeshandlung immer und immer wieder vollziehen, weil sie nicht verstehen, wieso sie noch existieren. Süchtige treibt es weiter zum Suchtmittel. Geistig Verwirrte bleiben orientierungslos. Sucht und Selbsttötung geschehen oft zusammen. Eine Erlösung gelingt nach meiner Erfahrung nur, wenn die Wesen, die den Menschen zu Lebzeiten in Bezug auf Sucht und Selbsttötung gesteuert haben, auch erlöst werden.

Beispiel 19

Eine alte vereinsamte Verwandte der Patientin beendete ihr Leben selbst – in der Schulmedizin spricht man dann von „Bilanztod". Die Verwandte hatte vor ihrem Tod auf gepflegte Art täglich Wein konsumiert. Die Mutter der Patientin hatte sich auch umgebracht. Ich habe schon mehrfach mit der Patientin gearbeitet, da noch nicht alle hier beteiligten Seelenaspekte ihrer Verwandten im Licht sind. Insbesondere der Suchtanteil ist hartnäckig, die Patientin liebt es ebenfalls, sich die Abende mit Wein zu gestalten... So halten sich die Energien gegenseitig fest.

Im Beispiel 17 auf Seite 47 ist die Wirkung von Schuldgefühlen in Zusammenhang mit Selbsttötung beschrieben.

Beispiele für die Wirkung vom „Vergessen" fehlgeborener oder tot geborener Kinder

Fehlgeborene Kinder, seltener auch tot geborene Kinder, werden häufig aus dem Familienbewusstsein gestrichen, als ob es sie nie gegeben hätte, besonders, wenn es lebende Kinder gibt. Auch dies kann bei den Nachgeborenen zu Problemen führen, da im Familiengewissen jeder gewürdigt werden muss, der durch Bindung über Sexualität oder Geburt dazugehört. Geschieht dies nicht, „sorgt" das Familienfeld dafür, dass die Energie des nicht Beachteten von anderen gelebt wird, indem einer oder mehrere damit in Resonanz gehen. Auch diese Erkenntnis ist ein Verdienst Bert Hellingers (13).

Beispiel 20

Eine junge Frau schwankte, ob sie den Vater ihres Kindes heiraten sollte, da sie sich oft ungeliebt fühlte, wenn er ohne sie ausging. Im kinesiologischen Test war ihr innerer Glaubenssatz, sie sei es nicht wert, beachtet und geliebt zu werden – dies waren die Emotionen eines fehlgeborenen Geschwisters ihrer Mutter, das nicht mehr beachtet wurde.

Mit dem Gebet um den Strahl der Gnade, der stellvertretenden Würdigung des Geschwisters der Patientin und der Bitte um den Segen des fehlgeborenen Geschwisters, wenn

die Patientin geliebt und wert geschätzt wird, geschah Erlösung.

Im nachfolgenden Test war der negative Glaubenssatz
nicht mehr nachweisbar, die Patientin ist inzwischen verheiratet.

Beispiel 21

Die Mutter kam mit ihrer vierjährigen Tochter, die sich
manchmal so eigenartig benahm, dass die Mutter ihr „aus
dem Weg gehen will". Sie sei dann anders, nicht normal
trotzig oder normal wütend. Ferner war sie eifersüch-
tig auf ihre Schwester. Es zeigte sich, dass das Mädchen
die Energie einer fehlgeborenen Schwester der Oma
trug, die niemand beachtete, was der Seele zu schaffen
machte. Sie wollte unbedingt gesehen werden. Die Bitte, mit Hilfe von Jesus Christus zu erkennen, dass sie
schon längst gestorben war, dass sie von Jesus und den
Engeln gesehen wird, dass auch ihre inzwischen verstorbenen Eltern sie sehen und auf sie warten, erlöste.

Beispiele für die Wirkung von Nicht-Loslassen-Können

Beispiel 22

Dieses Beispiel verdeutlichte mir, dass auch ein scheinbar sinnerfülltes Leben Anhaftungen erzeugen kann.

Eine mehrfache Mutter kam mit ihrem jüngsten Kind, einem Säugling, der weinte und nicht allein sein wollte – was neu aufgetreten war. Sie meinte, das Weinen höre sich anders an, als sie es von den anderen Kindern kenne.

Die Aufstellung ergab, dass der Junge nachts Besuch von einer Frau hatte, die einfach nicht aufhören konnte oder wollte, Babys zu versorgen, das hatte ihr so viel Freude gemacht, das war ihr Leben als Säuglingsschwester gewesen. Dem Kind ging es nach dem Lösungsritual wieder besser.

Beispiel 23

Eine Patientin kam mit Erkältungssymptomen; sie hatte das Gefühl, als ob sich etwas in ihrer Brust zusammenziehe. Zuerst verneinte sie, dass sie ausgegangen sei, dann fiel ihr ein, dass sie bei einem Konzert war. Dort heftete sich die Seele einer alten Dame an, die beschlossen hatte, alle diese Konzerte zu besuchen, die sie zu Lebzeiten nicht hatte besuchen können. Nach dem Lösungsritual wurde es der Patientin „leichter auf der Brust".

Beispiele für die Wirkungen der Anhaftungen durch Angehörige

Beispiel 24

Diese Behandlung hat mich damals sehr berührt, denn sie zeigt gleichzeitig die Hellsichtigkeit und Hellfühligkeit eines kleinen Kindes. Ich habe es unter diesem Kapitel eingeordnet, da ich glaube, dass es der Schmerz der Mutter des verstorbenen Kindes war, welcher die Seele ihres Kindes hier festhielt.

Eine Mutter kam mit ihrem ca. 4 ½ jährigen Sohn, der seit einiger Zeit nachts wach wurde und nicht mehr in seinem Bett schlafen wollte, Angst hatte und auch „phantasierte". Wenn Kinder „phantasieren", interessiert mich natürlich immer, worum es geht; denn oft sind es Wahrnehmungen, die Erwachsene nicht haben und daher nicht nachvollziehen können. Die Mutter berichtete, dass er von einer „Püppi ohne Beine" erzählte, die an sein Bett komme. Auf Nachfragen erfahre ich, dass die Familie erst vor einigen Monaten in die Wohnung eingezogen sei. Die Vormieterin sei ausgezogen, weil ihre 5-jährige Tochter tödlich verunglückt war!

Auf dem Speicher war auch noch Spielzeug des verunglückten Kindes. Ich erklärte dem Kind und der Mutter, dass die Püppi ohne Beine, die er sieht, eine Engel-Püppi sei, die sich verlaufen habe. Ob er mithelfen wolle, dass sie nach Hause finde. Sehr ernsthaft und konzentriert machte er mit. Ich bat die Mutter des Jungen mitzubeten. Das Gebet umfasste auch die Bitte, dass die Mutter des verunglückten Mädchens ihr Kind ins Licht entlassen möge. Da ich nichts mehr von ihnen gehört habe, gehe ich davon aus, dass zum mindesten teilweise Frieden mit dem Schicksal möglich geworden ist.

Beispiel 25

Eine ältere Patientin hatte lange ihren kranken Mann betreut; während dessen bekam sie eine Wirbelsäulenverkrümmung. Später pflegte sie eine entfernte Verwandte ebenfalls bis zum Tod. Sie hat oft Schmerzen in der Lendenregion. Beide Seelen waren unerlöst und hafteten an ihr in der Aura der Nierenregion. Die Verwandte wollte sich nur bedanken, der Ehemann war verzweifelt und einsam und wollte, dass sie kommt. Er war offensichtlich in Angst und Verzweiflung gestorben. Die Patientin ist sehr religiös und kann sich nicht vorstellen, dass diese Seelen, die doch ein kirchliches Begräbnis, Sterbesakramente und Begleitung durch Pfarrer und Gebete hatten, nicht erlöst sind. Es ist religiösen Menschen manchmal schwer zu vermitteln, dass die Energie der Zeremonien bei den Verstorbenen oft gar nicht ankommt, weil sie wie in ihrem eigenen Film bleiben und entweder nicht realisieren, dass sie gestorben sind oder nicht erkennen, wie es weitergeht. Einem Kind, das Angst fühlt, kann man die Angst auch nicht einfach ausreden!

Beispiel 26

Eine junge Frau erwartete ihr erstes Kind. Sie war von

mehreren Ängsten geplagt. Ihr Großvater, der sie sehr geliebt hatte, war gestorben, als sie ein Baby gewesen war. Jetzt hatte sie die Angst, ihr Vater könne auch bald nach der Geburt ihres Kindes sterben. Die Seele des Großvaters war völlig orientierungslos, paradoxerweise fühlte es sich so an, als ob er völlig bewusstlos auf der anderen Seite des Schleiers erwacht sei. Meine erste Reaktion war: wie eine Art Zombie. Die Patientin meinte, so fühle sie sich oft. Gott und Religion waren in ihrem Elternhaus tabu. Nach dem Tod komme nichts mehr. Diese Überzeugung führte dazu, dass die Seele des Großvaters sich wirklich wie „nichts" fühlte, aber gleichwohl existierte. Neben den üblichen Gebeten ließ ich die Patientin den Opa bitten, seine Überzeugung zu ändern und ins Licht zu gehen, damit er als Schutzengel für sie und das Kind wirken könne.

Beispiel 27

Ein junger Mann kam, weil er sich schwer tat, seinen Platz in der Gesellschaft zu finden. Er konsumierte auch Drogen. Bei der Behandlung testete ich bei ihm ein „Nein" auf die Aussage: „Es ist gut, wenn ich lebe und mich in die Welt bringe" – es sei negativ für seine Mutter. Der verstorbene Vater der Mutter des Patienten war der Anlass für seine Verweigerung: seine Energie war im Herzchakra-Bereich des Patienten. Der Vater der Mutter war gegen die Beziehung der Mutter zum Vater des Patienten gewesen, da der Vater des Jungen Ausländer ist. Der Großvater war gegen eine „Kulturmischung", das tue nicht gut. Hier war es wichtig, den Großvater um seinen Segen für das Leben zu bitten.

Meiner Erfahrung nach liegen komplexen Problemen von Menschen auch komplexe Verstrickungen zu Grunde, die nur Schritt für Schritt gelöst werden können. Oft ist dies nicht mit nur einer Aufstellung bzw. mit nur einer Behandlung möglich.

Beispiele für die Wirkung der Übernahme der Energien von Vorfahren

Seit Bert Hellingers bahnbrechenden Erkenntnissen wird in Deutschland flächendeckend jeden Tag von Therapeuten und Aufstellern festgestellt, wie die Ahnen noch auf uns wirken. Sie wirken über das Familienfeld, das alles und jeden im Gedächtnis behält. Wer will, kann es auch Familiengedächtnis oder familiäre Akasha-Chronik nennen. Das ist lediglich eine andere Benennung und eine andere Methode, sich den unerlösten Seelen zu nähern. Es gibt zahlreiche Bücher und DVDs darüber (13), so dass ich hier nur einzelne Beispiele mit aufführen will, die sich alle in Aufstellungen gezeigt haben. Wichtig ist dabei, dass die Nachfahren oft aus unbewusster Liebe heraus einen Ausgleich bewirken wollen, ein Vorhaben, das zu noch mehr Leid führt.

Beispiel 28

Ein Patient fühlte sich selbst als arbeitssüchtig, er könne nicht ruhen, keine Arbeit abgeben. Er müsse arbeiten, denn er bekomme immer wieder Anfälle der Idee, er sei verarmt. Gleichzeitig sorge er aber auch durch seine Einkäufe dafür, dass sich kein finanzielles Polster bilde. In der Aufstellung zeigte sich, dass es bei seinen Vorfahren einen reichen geizigen Ahn gab, der hartherzig nichts zur Unterstützung seiner armen Verwandten tat, von denen einige verhungerten. Im Leben des Patienten verbindet ihn seine Arbeitswut mit den verarmten verhungerten Vorfahren, sein Nicht-Reich-Werden ist eine Sühne für den Geiz des reichen Ahns. Das Verhalten des Patienten war ein Versuch, alle Ahnen zu erlösen. Anders formuliert: Die unerlösten Seelenaspekte der Vorfahren bestimmten sein Verhalten. Doch wie man es auch immer nennt, die Erlösung kann nur durch bewusste Achtung der Schicksale der Verstorbenen geschehen, und indem man sie einer größeren Macht anvertraut.

Beispiel 29

Eine sehr feinfühlige Patientin, die dazu neigt, die Energien anderer zu übernehmen und als körperliche Schmerzen zu fühlen, bat um Rat bezüglich einer Häufung von Erkrankungen in der näheren und weiteren Familie. Diese Erlösungsarbeit war nicht mit einem Mal möglich und ist wahrscheinlich noch nicht abgeschlossen. Sie hatte starke Schmerzen im Unterbauch und ein klumpiges Gefühl dort – eine Mischung aus Angst, Schmerz, Trauer, Wut – zusammengefasst: das Gefühl, „es zerreißt mir das Herz". Die Aufstellung zeigte, dieses Gefühl gehörte nicht ihrer alkoholkranken Schwester, wie sie vermutete, sondern ihrer Mutter, die auch alkoholkrank war. Sie starb offensichtlich in dieser Energie und wollte auch nicht aus dem Haus, in dem sie gestorben war. Die Schwester der Patientin wohnt im Elternhaus, das ganze Haus ist durchdrungen von dieser Energiemischung Angst-Schmerz-Trauer-Wut, von der alle zahlreichen Kinder und Enkel betroffen sind, auch jene, die nicht dort wohnen. Es bedurfte längerer Gebete, einer Zurückgabe der Energie an die Mutter, eines Verneigens vor allen Schicksalen der Betroffenen, einer Bitte um den Segen der Mutter, wenn die Kinder und Enkel frei von dieser Familienenergie werden. Ebenso wurde die Kraft und Liebe von Jesus Christus als Halt für die Mutter benötigt. Ich bat die Patientin, sich einen kosmischen göttlichen Staubsauger vorzustellen, der alle alten Gefühle von Angst, Wut usw. absaugt. Sie möge sich vorstellen, dass diese Energien von Gott in Liebe zurück transformiert und dem Haus und der Familie dann gesendet werden. Danach nahm die Patientin das Haus als frisch und klar wahr.

Beispiel 30

Gerade auch Schulschwierigkeiten können mit Verstorbenen und unerlösten Seelen zu tun haben. Kinder in ihrer Liebe übernehmen aber auch Symptome für Lebende.

Eltern stellten für ihre Tochter auf, die Schwierigkeiten in den Grundrechenarten hatte – komplizierte Aufgaben könne sie lösen. Auch könne sie sich Vokabeln zwar am Lerntag merken, am nächsten Tag wisse sie sie jedoch nicht mehr. In der Aufstellung wählte ich eine Stellvertretung für das Kind, seine „Rechenfähigkeit" und sein „Langzeitgedächtnis". Jesus Christus teilte mit: Wenn alle mitgezählt werden, sind es viel mehr. Dies öffnete den Raum für die Tatsache, dass in der siebten Generation vor den Eltern des Kindes (!) eine schlimme Hungersnot und Krankheiten dazu geführt hatten, dass 13 von 15 Kindern gestorben waren. Die überlebenden beiden Kinder und die schwachen und selbst kranken Eltern hatten die gestorbenen Kinder nicht mehr mitgezählt – es war zu schlimm gewesen. Die „Rechenfähigkeit" freute sich, als die ver-

storbenen Kinder dazu kamen, das „Langzeitgedächtnis"
bekam allerdings Panik und wollte weglaufen. Die Kinder
waren nicht mehr erinnert worden, um nicht mehr an das
Leid erinnert zu werden, dass sie und die Überlebenden
gehabt hatten. Hier bedurfte es neben den Gebeten auch
der Zustimmung zu dem Schicksal damals. Denn das Ver-
leugnen der Wahrheit macht krank und belastet besonders
die Nachgeborenen, oder, wie Bert Hellinger es formulierte: „Die Wahrheit, ans Licht gebracht, ist freundlich".
Bei der kinesiologischen Arbeit mit dem Kind zum Thema
„Behalten von Vokabeln" fand sich mehrmals ein „Nein"
- so einmal auf die Frage, ob sie die Vokabeln behalten
wolle, und einmal auf die Frage, ob sie es sich erlaube, sie
zu behalten. Die Mutter berichtete, dass die Tochter oft
wütend sei und sich ungeliebt fühle, was vom Kind bestätigt wurde. Wut bedeutet Kampf, und im Kampf-Modus
kann man sich nichts merken. Jedes kinesiologisch gefun-
dene „Nein" hatte eine fremde Energie dabei, die über den
Zorn andockte: eine der Energien gehörte einer Ahnin, die
selbst gerne verreist wäre und einen gewissen Neid empfand für die Möglichkeiten der jungen Generation. Hinter
dem Neid war auch Zorn über ein Leben, das fast nur aus
Arbeit bestanden hatte. Die andere Energie ging mit der
Tochter als Gefühls- und Gedankenform (Elemental) in
Resonanz, als sie auf einer Party war – sie gehörte zu einem
fehlgeborenen Kind der Vorfahren der Eltern einer Freun-
din, das darüber zornig war, dass niemand es je beachtet
hatte – für die Seele gleichbedeutend mit „ungeliebt sein".
Diese Resonanzen erhöhen den Zornlevel in dem Kind.
Sein eigener Zorn wurde so potenziert und erschwerte das
Lernen zusätzlich.

Beispiele für die Wirkung unerlöster Gefühls- und Gedankenformen aus früheren Leben

Das, was beim Tod unerlöst ist, wird in ähnlicher Weise wieder im neuen Körper vorhanden sein. Wir wissen nicht, wie das geschieht, aber die Wirkung dieses Prozesses ist beobachtbar.

Ich benutze gern zur Erklärung folgendes Bild: Das, was hier von der Seele „festhängt" kann nicht „aufsteigen". Wenn es der Seele trotz der unerlösten Anteile gelingt, nach dem Verlassen des Körpers in die Lichtebenen zu kommen, wird sie in einer gewissen „Höhe" rein, alle unerlösten Gefühls- und Gedankenformen werden in einer bestimmten Schicht, dem Astralfeld, zurückgelassen. Beim Wiedereintritt in den Körper muss die Seele durch diese Schicht hindurch und ist nicht nur erneuert, sondern zieht sich sozusagen auch Teile der alten abgelegten Kleider wieder an, eben alles Unerlöste. So kommt es, dass es Beschwerden gibt, die weder durch die individuellen Erfahrungen noch durch die Energie des Familienfeldes erklärbar sind. Oft mischen sich allerdings auch Familienenergie und Energie aus früheren Leben, z. B. wenn Menschen mehrmals in der gleichen Familie inkarnieren. Auch kann wohl niemand ganz ausschließen, dass wir uns nicht vielleicht „Kleider" von anderen anziehen.

Beispiel 31

Die Patientin bekam immer Angst, wenn sie einen bestimmten Schüler sah; er war ihr unheimlich, sie fürchtete ihn. Bei der Aufstellung fühlte sich der Junge völlig normal, sie zitterte jedoch und bekam Panik und Schwäche. Es zeigte sich dann, dass ihre Seelenaspekte in einem früheren Leben schon miteinander zu tun hatten. Sobald ich die beiden in einem früheren Leben aufstellte, war die Panik der Patientin weg. Sie war ihm damals tatsächlich ausgeliefert gewesen, er hatte die Macht: „Du gehörst mir" war die damalige Energie. Mit Hilfe von Jesus Christus, der mitteilte: „Ihr gehört beide mir" und Ablösegebeten gelang die Erlösung.

Beispiel 32

Die Frau eines Patienten starb vor einigen Jahren an einer Lungenembolie. Er war noch nicht darüber hinweggekommen, da er sich durch andere bekannt gewordene Fakten von ihr verraten fühlte. Er war zittrig, konnte keinen klaren Gedanken fassen und war fixiert auf die Gedanken an seine Frau – alles auch Symptome einer posttraumatischen Belastungsstörung. In der Aufstellung zeigte sich mit Hilfe von Jesus Christus: In einem früheren Leben war der Mann der Frau anvertraut und an Vernachlässigung gestorben. Er war mit dem Glaubenssatz gestorben: ich kann ohne dich nicht leben, sie damals mit der Schuld: ich war für dich verantwortlich und habe gesündigt. Beide Energien lebten jetzt in den beiden in diesem Leben fort. Die Seele der Frau konnte nicht ins Licht, da sie sich immer noch für ihn verantwortlich fühlte. Es war für den Patienten erst einmal sehr schwer, dies aufzulösen, die Frau aus der Verantwortung für ihn zu entlassen und anzuerkennen, dass er auch ohne sie am Leben bleiben kann – und es in diesem Leben auch soll!

Beispiel 33

Eine Patientin hatte sich in einen Mann verliebt, die Liebe war jedoch nicht wirklich gegenseitig. Trotzdem kam sie nicht von ihm los. Die Aufstellung ergab, dass beide sich schon einmal gekannt hatten und energetisch ineinander verstrickt gestorben waren. Ich bat sie, zu Jesus Christus das zurückzuatmen, was sie an Energie damals von dem Mann mitgenommen hatte – damit er es transformieren und der Seele in der jetzigen Inkarnation zukommen lassen könne. Sie sollte sich vorstellen, dass dies geschehe. Sie sollte sich dann vorstellen, dass die andere Seele an Jesus Christus zurückgebe, was die Patientin in der damaligen Situation bei ihm gelassen hatte – es war die Energie des Vertrauens in die eigene Kraft. Die sollte sie jetzt von Jesus Christus her einatmen. Danach fühlte sie ihr Herz weit und voller Freude.

Bei Erkrankungen, die sich bereits in körperlichen Veränderungen manifestiert haben, gibt es meiner Erfahrung meistens mehr als eine Verstrickung. Es muss häufig und immer wieder geschaut werden, wie die Energie ist; denn eine körperliche Erkrankung hat auch eine gestörte Aura, eine gestörte Aura ist wie eine Einladung an „gestörte" Seelen. Patienten mit chronischen Erkrankungen leiden auch oft im Zusammenhang mit ihrer Erkrankung unter Gefühlen wie Zorn, Trauer, Ohnmacht, Neid auf Gesunde, Selbsthass, weil sie es nicht geschafft haben, gesund zu bleiben – alles Einladungen an unerlöste Seelen oder Gefühls- und Gedankenformen mit der gleichen Frequenz.

Beispiel 34

Ich hatte schon mehrmals mit der Patientin gearbeitet, deren Symptome unter anderem eine körperliche Schwäche sind, möchte jedoch aus Gründen ihres Schutzes die Erkrankung nicht näher benennen und nur dieses eine Beispiel anführen:

Bei der Aufstellung zeigte sich: die Krankheit hatte „eingeschlagen wie eine Bombe", die Patientin möchte ihre Krankheit weghaben, kleinmachen, vernichten. Ich bat Jesus Christus um Hilfe, und es zeigten sich eine ganze Reihe von Menschen, die alle keine Kraft hatten. Wahrscheinlich war Krieg, denn diese Gruppe von Menschen war bei einer Explosion gestorben. Die Patientin war in einem früheren Leben einer dieser Männer gewesen, gestorben mit Hass und Vernichtungswillen – nicht auf den Feind, sondern auf die Waffe. Dieser Mann wollte die Waffe am liebsten vernichten. An seinem Platz fühlte ich ein identisches Gefühl zur Waffe, wie es die Patientin zu ihrer Krankheit hatte. Aber diese Art von Vernichtungswillen ist der Patientin wesensfremd. Zur Erlösung war es für den Soldaten wichtig, seinem Schicksal von damals zuzustimmen, so kehrte seine Kraft zurück. Die Patientin wurde allerdings gegen Ende der Aufstellung immer müder. Auch die Gebete um Erlösung brachten ihr keine Kraft. Erst als sie den Satz sagen konnte: „Krankheit, ich öffne mein Herz für dich – und da lasse ich dich dann heilen" fühlte sie sich wieder kraftvoll.

Beispiel 35

Eine junge Frau mit Problemen im Unterleib und mit der Sexualität hatte zahlreiche Themen aus früheren Leben mitgebracht, die mit Sexualität, Schwangerschaft und Geburt zu tun hatten. Bei der kinesiologischen Testung gab es sofort eine Blockade, die sich löste, nachdem sie die Seelen von fünf Kindern erlösen und ins Licht entlassen konnte. Es handelte sich um Zwillinge und Drillinge – geboren in einer Kultur, in der Mehrlingsschwangerschaften als Ausdruck des Einflusses von Dämonen galten. Damals wurden solche Kinder dort getötet. Da diese Seelen auf Grund der Gewalttat auch mit den Tätern, die wohlgemerkt mit gutem Gewissen gehandelt hatten, verbunden waren, und die Patientin wiederum aufgrund dieser Idee mit den Tätern verbunden war, gelänge eine Erlösung nicht, wenn nicht auch die Täter erlöst würden, da sonst die energetischen Bänder blieben.

Beispiel 36

Die Patientin befand sich in einer Paarberatung, fühlte sich dort aber völlig unverstanden, wie zerteilt, gepeinigt, wie in einem Verlies. Sie erzählte nicht von ihrem Befinden; denn sie glaubte, das müsste die Therapeutin doch wahrnehmen. Die Therapeutin fand, sie sei nicht authentisch, ihre Reaktionen kämen nur vom Kopf. Hier war sehr deutlich wahrzunehmen, dass die Patientin auf die Situation reagierte, als sei sie in einer ganz anderen Situation. Es handelte sich um eine Verwirrung ihrer Identität, sie hatte

in sich noch die Energien eines Ereignisses, das mehrere Jahrhunderte zurücklag– und reagierte mit den alten Verletzungen. Da die Therapeutin dies nicht zuordnen konnte, empfand sie die Patientin als unauthentisch – was für das jetzige Leben stimmte, nicht jedoch für das damalige. Die Erlösung umfasste hier nicht nur ein Gebet für die Erlösung ihrer eigenen alten Zustände, sonder auch die Bitte um Erlösung von den zerstörerischen Gefühls- und Gedankenformen der anderen damals Beteiligten und die Bitte um Auflösung der damals entstandenen Bänder.
Ferner war es nötig, anzuerkennen, dass ihre jetzige Lebenssituation und Identität nicht die von damals sind.

Häufig haben unerlöste Aspekte aus früheren Leben auch mit einem gewaltsamen Tod zu tun. Bei den Menschen, die zu mir kommen, werden seltener eigene Gewalttaten erinnert, zuerst geht es meist um erlittene Gewalt.

Beispiel 37

Die Patientin hatte heute große Probleme mit ihren Nachbarn, sie mochte gar nicht mehr nach Hause gehen. Es gab zahlreiche Auseinandersetzungen, sie erhielt jedoch auch vor Gericht kein Recht. Sie hatte das Gefühl, die Nachbarn könnten machen, was sie wollten, ohne bestraft zu werden. Sie wollte den Nachbarn vergeben, das ging aber nicht. Sie fühlte sich zornig und ohnmächtig. Es zeigte sich, dass sie schon mal vor ca. 200 Jahren dort gewohnt hatte, als alles noch Waldgebiet war. In diesem Wald war sie vergewaltigt worden und war gestorben, weil der Vergewaltiger ihr den Mund zuhielt, damit sie nicht schrie. Sie blieb unerlöst, weil sie dann erleben musste, dass der Täter für seine Tat nie bestraft worden war! Hier ging es auch darum, sich selbst zu vergeben, dass sie damals nichts tun konnte. Auch das Wissen, wie entsetzt Täter oft nach ihrem Tod über die Taten sind, half ihr. In weiteren Behandlungen zeigten sich weitere unerlöste Themen bezüglich Vergewaltigung und Ausgeliefert-Sein.

Beispiel 38

Die Patientin schaute in der Aufstellung mit den drei aufgestellten Persönlichkeitsaspekten zu Jesus Christus– voller Glückseligkeit. Da wollte sie hin, das derzeitige Leben war völlig uninteressant. Ein neben Jesus Christus aufgestellter Persönlichkeitsanteil aus einem früheren Leben fühlte sich genauso wie sie. Die kurze Botschaft von Jesus Christus war: „Falsche Liebe". Es zeigte sich, dass sie sich mehr mit einem früheren Leben als Nonne identifizierte. Damals hatte sie sich Jesus so nahe gefühlt. Jesus Christus forderte sie dann noch auf, zu erkennen, dass er überall und auch in ihr sei, so dass sie nichts Besonderes tun müsse, um ihm nahe zu sein. Es genüge, in ihr Herz zu gehen.

Auch hier ließ ich noch zurückatmen, was sie von dort unnötigerweise hier mit trägt und einatmen, was sie zurückgelassen hat.

Beispiele für die Wirkung unerlöster Gefühls- und Gedankenformen im Zusammenhang mit medizinischen Behandlungen

Medizinische Behandlungen hinterlassen informatorische Abdrücke im Behandelten. Insbesondere bei chirurgischen Eingriffen wird in den feinstofflichen Körper Information übertragen. Die so segensreiche Möglichkeit der Schmerzausschaltung durch Narkose verhindert nicht, dass Zellen, Gewebe und Organe auf der feinstofflichen Ebene einen Schock bekommen.

Beispiel 39

Eine junge Frau mit Problemen bei der Entbindung hatte einen Kaiserschnitt erhalten, um das Leben des Kindes zu retten. Sie hatte eine lebensbedrohliche Blutung gehabt, die Gebärmutter hatte sich nicht zusammengezogen Alle hatten Angst gehabt, dass sie stirbt. Seither hatte sie im ersten Chakra kaum noch Energie, was sich auch auf der psychischen Ebene zeigte. Sie selbst war damals meist „weggetreten". Bei der Entstörung der Narbe war eine kugelige Energieblockade im Uterus wahrzunehmen, die auf der feinstofflichen Ebene eine Zusammenziehung der Gebärmutter verhinderte. Die Blockade entsprach einer Gedankenform „Geist des Todes" und enthielt Erinnerungen und Ängste aller Beteiligten, Ängste aus früheren Leben, als Frauen bei Schwangerschaft und Geburt häufig starben. Die Patientin war bei der Erlösungsarbeit auch gefordert, den „Geist des Todes" aus ihrem Unterleib zur Transformation zu senden und den „Geist des Lebens" wieder Einzug halten zu lassen.

Beispiel 40

Bei der Arbeit mit dem Patienten zeigte sich, dass sein vor 15 Jahren eines plötzlichen Herztodes gestorbener Vater sich nicht tot fühlte. Er war auf dem Weg ins Licht, als er reanimiert wurde, was dazu führte, dass er von dem Weg abgebracht wurde und meinte, er lebe noch. Hier musste ihm lediglich klargemacht werden, dass er tot ist, dass sein Weg zu Jesus Christus frei ist.

Beispiel 41

Eine besondere Erfahrung hatte ich mit einem Patienten mit einer Amalgambelastung. Er nahm die kinesiologisch getesteten Ausleitungsmittel nicht, da ihm jedes Mal übel wurde. Er bekam weiche Knie, wurde schwach und musste sich hinlegen. Für mich fühlte es sich so an, als ob es einen Widerstand gegen die Ausleitung des Amalgams gebe. In der spannenden Aufstellung versteckte sich das Amalgam hinter ihm, der Patient wollte es schützen, die Ausleitungsmittel schauten weg von ihm. Immer, wenn ich die Ausleitungsmittel näher zu ihm brachte, ging es dem Patienten schlecht. Die weitere Aufstellung ergab: Der Patient, das Amalgam und die Ausleitungsmittel dienten als Anker für eine unerlöste Energie der Vorfahren, wo ein Mann seine behinderte Tochter erst versteckt und dann getötet hatte – und wo die Verwandten weggeschaut hatten. Dieser Vorfahr wagte sich auch nicht zu Jesus Christus. Als es ihm nach einiger Zeit und Gebeten gelang, sich in die Nähe von Jesus zu wagen, indem er seine behinderte Tochter zu Jesus brachte, geschah nach und nach Erlösung. Daraufhin schauten die Ausleitungsmittel den Patienten an und wollten gern zum Amalgam, das auch nichts mehr dagegen hatte und sich nicht mehr versteckte. Dem Patienten ging es gut, wenn die Ausleitungsmittel näher kamen. Es war dem Amalgam als Metall-Legierung nicht mehr wichtig, wo es sich befand, es hatte keinen eigenen Willen, es folgte den Energien, die auf es einwirkten.

Beispiele für die Wirkung unerlöster Gefühls- und Gedankenformen im Zusammenhang mit Tieren und anderen Lebensformen

Tiere, Pflanzen, Bakterien, Viren und andere Lebensformen sind oft eingebunden in unsere Lebens- und Lernprozesse. Krankmachende Viren z. B. halten sich gern auf Grund undienlicher Emotionen in unserem Körper (natürlich auch auf Grund anderer das Immunsystem schwächende Gegebenheiten wie Schwermetallbelastung oder Elektrosmog). Gefühls- und Gedankenformen in unserer Aura sind oft an Viren, Bakterien, Amalgam angeheftet, so wie sie auch außerhalb des Körpers an Gegenstände, Plätze, Häuser usw. angeheftet sein können.

Beispiel 42

Eine Patientin hatte oft Schmerzen. Kinesiologisches Testen ergab, dass sie ein Thema mit auf die Erde gebracht hatte: Das Leid der Tiere beenden. Nur war ihr das nicht bewusst. Sie verwechselte „Leid erlösen" mit „Übernahme des Leidens", also Mitgefühl mit Mitleid. In diesem Prozess waren auch Herpesviren involviert, wobei ich leider nicht erkennen konnte, ob die Viren der Bewusstmachung dienen wollten oder so eine Art Trittbrettfahrer waren. Auf jeden Fall hatte sie nach der Bearbeitung des Themas weniger unter Herpesausschlag zu leiden.

Beispiel 43

Die Patientin kam wegen ihrer Unverträglichkeit für Kuh-
milcheiweiß. Während der Arbeit an diesem Thema mel-
deten sich Spirits von Kühen und wünschten sich, dass alle
Menschen eine Kuhmilcheiweißallergie hätten. Auf mein
Nachfragen teilten sie mit, dass die Menschen dann we-
nigstens aufhören würden, ihnen so unnatürlich riesige
und schmerzende Euter anzuzüchten, damit die Kühe
immer mehr Milch gäben. Sie wünschten sich, in Freiheit
zu leben und ihre Milch mit den Menschen zu teilen. Die
Menschen sollten nur das nehmen, was die Kühe freiwillig
gäben. Interessanterweise konnte die Patientin dies sofort
gut verstehen, denn sie hatte bei ihren drei Kindern auch
sehr volle schmerzhafte Brüste und hatte lange gestillt,
trotz häufig wunder Brustwarzen und Brustdrüsenentzün-
dungen. Ich bat dann um Erlösung dieser Tierseelen, um
die Erlösung ihres Schmerzes und ihres Leides und um die
Weisheit und Liebe der Menschen für die Tiere, damit ein
Umdenken stattfindet, damit die Menschen mehr Mitgefühl mit den Tieren haben. Die Menschen müssen damit
aufhören, Tiere nur als „Nutztiere", als Fleisch- und Milch-
lieferanten zu sehen. Auch erklärte ich den Tieren, dass
die negativen Wünsche – Allergien wünschen ist negativ –
nicht von ihnen selbst kämen, dass sie nicht nur vor ihrem
Tod missbraucht wurden, sondern auch jetzt nach ihrem
Tod noch missbraucht würden. Ich bin nämlich der festen
Überzeugung, dass Tiere den Menschen nichts Böses wünschen können, dass Tierseelen rein sind. Dann bat ich um
Erlösung derjenigen Energien, die die Tier-Spirits für eigene Interessen benutzen. Danach hatte die Patientin ein
Gefühl von Frieden.

Beispiel 44

Ein Teenager hatte sich rasch ausbreitende Warzen (diese Warzen werden vom Körper als Antwort auf bestimmte Viren gebildet). Je häufiger mit Vereisen und schulmedizinischen Mitteln versucht worden war, sie zu entfernen, um so mehr wurden es. Sie breiteten sich am ganzen Körper aus und das Mädchen war ziemlich verzweifelt darüber. Kinesiologisch testete ich bei ihr, dass sie die Warzen nicht verlieren wolle, denn das sei nicht gut für sie. In der darauf folgenden Aufstellung gab es eine interessante Reaktion: sie hatte Angst vor den Viren, aber wenn die Warzen dazu kamen, war die Angst weg. Die Warzen, vertreten erst durch ein und dann durch zwei männliche Symbole, waren sehr liebevoll, wollten nah bei ihr sein – und sie wollte das auch. Es zeigt sich schließlich, dass sie im Mutterleib zu dritt waren, ihre Zwillingsbrüder hatten eine Virusinfektion nicht überlebt. Mit den zwei Zwillingsbrüdern an je einer Seite fühlte sie sich super – noch bevor sie wusste, wen ich ihr da zur Seite gestellt hatte. Sie brauchte die Warzen nicht mehr und hatte auch keine Angst mehr vor den Viren. Mutter und Tochter waren sehr traurig, als sie den Sinn der Warzen erfuhren. Beide waren im Schock – dazu eine Gefühlsmischung von Wut, Ohnmacht, Verzweiflung, Trauer - alles gemischt. Die Seelen der beiden abgestorbenen Geschwister wollten dem Mädchen Liebe und Kraft geben, sie aber konnte das nicht nehmen. Es bedurfte der Auflösung des Schocks und der Trauer, bis das Mädchen die Liebe und Kraft spüren und annehmen konnte, bevor die Seelen der Brüder zu Jesus Christus gingen. Nach dieser Arbeit war es den Viren unmöglich, sich dem Mädchen näher als zwei Meter zu nähern.

Beispiel für Hilfe bei geistiger Verwirrung (Demenz) und Koma

Beispiel 45

Ein Ehepaar war lange Jahre in meiner Behandlung, bis der Mann an Demenz erkrankte. Er wurde bis zuletzt liebevoll zu Hause versorgt. Als er schon völlig sprech- und handlungsunfähig war, war es immer noch möglich, ihn zu füttern – er machte immer den Mund auf, wenn der Löffel kam. Ich nahm mit seiner Seele Kontakt auf, die sich verängstigt und desorientiert in einer homogen dunklen Umgebung fühlte. Immer wieder kommunizierte ich mit ihm auf der Seelenebene und bat die Angehörigen, das Dayala-Symbol (Dokument 1, Seite 107) und das Saikala-Symbol (Dokument 2, Seite 109) in sein Bett zu legen, um damit die Engel zu rufen, die Lichtsäulen erstellen und bei der In- und Exkarnation helfen. Als seine Seele nach ca. zwei Wochen Klarheit bekam und keine Angst mehr da war, machte er den Mund nicht mehr auf beim Füttern und starb dann eine Woche später friedlich. Dies ist in mehrfacher Hinsicht ein wichtiges Beispiel; denn der Sterbeprozess hätte unnötig verlängert werden können, wenn, wie es noch viel zu häufig geschieht, eine künstliche Ernährung eingeleitet worden wäre.

Beispiel 46

Eine Mutter rief mich an. Ihr Sohn lag jahrelang im Koma, ohne jede Chance auf Gesundung, und sie bat mich, zu helfen. Er war liebevoll von ihr gepflegt worden, und es war ihr vorher nicht möglich gewesen, anzunehmen, dass ihr Sohn nicht mehr zu Bewusstsein kommen würde. Ich fragte die Seele und erhielt die Erlaubnis. So faxte ich ihr noch am selben Tag das Dayala- und Saykalasymbol. Sie legte die Symbole dem Jungen auf das Bett und er verstarb am nächsten Tag.

Beispiele für Unterstützungs- und Schutzfunktionen von Verstorbenen

Nicht immer ist es Verwirrung oder Unerlöstes, wenn die Seelenenergie Verstorbener anwesend ist. Oft möchten die Verstorbenen etwas mitteilen, das die Lebenden schützen soll, ganz allgemein helfen, oder sie erfreuen sich am Leben der Hinterbliebenen.

Beispiel 47

Eine Jugendliche und ihre Mutter waren sehr traurig, weil kurz zuvor ihr Hund gestorben war. Die Jugendliche war meine Patientin, bei meinem üblichen Test stellte ich fest, dass die Seele des Hundes noch da war. Der Spirit des Hundes hielt uns einen längeren Vortrag über die Unterschiede von Tieren und Menschen im Umgang mit Leben, Krankheit und Tod. Außerdem wies er darauf hin, dass die Jugendliche derzeit einen Umgang habe, der ihr nicht gut tue. Die Mutter wusste sofort, wer gemeint war.

Beispiel 48

Während der Arbeit mit einer Patientin, bei der schon ein Teil ihrer Ambivalenz erlöst worden war, gesehen werden zu wollen und sich gleichzeitig verstecken zu müssen, blockierte plötzlich die Herzenergie. Es meldete sich ihre Großmutter. Sie war Halbjüdin und teilte mit, dass der Wunsch sich zu verstecken auch mit dem Schicksal ihrer Vorfahren in der Nazizeit zu tun hätte. Dieses Thema hatte die Patientin bisher für sich ausgeklammert und mir auch nichts davon erzählt.

Solche Beispiele sind in meiner Praxis seltener vertreten, weil sie seltener Anlass zu Arztbesuchen geben, da durch ihre Anwesenheit keine Beschwerden auftreten. Ich bin sicher, dass viele erlöste Verstorbene eine Art Schutzengelfunktion haben. Wir finden dies auch als Motiv in den Märchen. Wichtig ist nur, dass die Lebenden die Verstorbenen nicht hier festhalten mit dem Wunsch: Bitte lass mich nicht allein. Das ist der Entwicklung der Seelen der Lebenden und der Verstorbenen undienlich und bringt langfristig keinen Segen. Wie bei allem hängt es vom Bewusstseinszustand von Lebenden und Verstorbenen ab, wie die Wirkung ihrer Anwesenheit ist.

Ein wunderbares, von inniger Liebe und hohem Bewusstsein geprägtes Abschiedsritual zum Tode ihres Mannes finden Sie im Bericht von Uschi Funke Seite 90. Frau Funke kommuniziert weiterhin mit ihrem Mann in Freiheit und Liebe.

Ich schließe Frieden

Ich schließe Frieden
Ich schließe Frieden
Ich schließe Frieden mit dem Leben

Mit dem was war und ist und was kommen wird
Ich schließe Frieden mit dem Leben

Ich schließe Frieden
Ich schließe Frieden
Ich schließe Frieden mit dem Leben

Dass Leben Sterben ist, Werden und Vergehen
Ich schließe Frieden mit dem Leben

Ich schließe Frieden
Ich schließe Frieden
Ich schließe Frieden mit dem Leben

Dass Leben Wandel ist
nicht zu kontrollieren
Ich schließe Frieden mit dem Leben

Abdruck mit freundlicher Genehmigung
von Monika Wunram (2)

Wie das Leben der Vorbereitung auf das Sterben dienen kann

„Du stirbst, wie Du gelebt hast" (1)

Aus meinen Ausführungen geht schon hervor, dass es für die Lebenden darum geht, möglichst ihr Bewusstsein zu verändern, wie es die spirituellen Traditionen aller Kulturen empfehlen. Denn alles, was jetzt im Leben erlöst wird, macht das Sterben und das Leben danach leichter. Ich möchte recht verstanden werden: es geht nicht darum, neue Ängste zu schüren, sondern anzuerkennen, dass wir die Gnade haben, uns selbst zu erkennen und – wenn auch oft unter Mühe – die Möglichkeit haben, unsere Gedanken und Bewertungen zu ändern, unser Bewusstsein anzuheben.

Da wir nie wissen, wann wir sterben, ist es gut, so zu leben, als ob wir jeden Tag sterben könnten, also wirklich vorbereitet zu sein. Hilfreich ist:

Schließen Sie Frieden
Vergeben Sie sich
Lösen Sie „positive Anhaftungen"
Vertrauen Sie auf die göttliche Führung
Wissen Sie sich von Gott geliebt
Tragen Sie zur Verminderung der Angst bei
Erinnern Sie sich, dass die Seele ewig lebt

Schließen Sie Frieden

Schließen sie jeden Tag Frieden mit dem Leben, mit sich und der Welt. Machen Sie sich Ihre Gefühle wie Angst, Wut, Groll, Empörung, Vorwürfe, Hader, Rachewünsche, Neid oder Ähnliches bewusst und bitten Sie darum, dass all das in die Liebe zurück transformiert wird, aus der ursprünglich alles entstanden ist.

Wenn sie diese Gefühle beim Einschlafen noch haben, bitten sie um Transformation im Schlaf. Bitten Sie Ihre spirituelle Autorität, ihnen dabei zu helfen.

Im Dokument 5, Seite 112 ist ein Ritual beschrieben, das hilft, in Frieden zu kommen und sich selbst zu lieben, in Dokument 3, Seite 110 ein Gebet zur Erlösung undienlicher Gefühls- und Gedankenformen. Finden Sie die drei JA: JA zum Leben, JA zu sich selbst, JA zu Gott. In meinem Buch „Heilende Berührung – Heilpunkte von Erzengel Chamuel" finden Sie Techniken zur Lösung alter, überholter Emotionen im Körper (8).

Manche dieser Punkte können Sie allein anwenden, für andere benötigen Sie jemanden, der die Punkte bei Ihnen berührt.

Vergeben Sie sich

Das wichtigste ist, sich selbst zu vergeben. Vergeben Sie sich Ihre Fehler, Ihre Taten, die nicht in der Liebe waren, vergeben Sie sich zugelassen zu haben, dass Sie Opfer wurden. Vergeben Sie sich, dass Sie nicht vollkommen waren und sind. Vergeben Sie sich alles, was sie jemals gedacht, gefühlt oder getan haben von dem Sie glauben, dass es nicht in Ordnung war. Am schwersten fällt es uns meiner Beobachtung nach zu vergeben, was wir als Versagen empfunden haben – selbst dann, wenn wir gar nicht die Macht hatten, etwas zu ändern.

Die oft geforderte Vergebung derer, die einem etwas angetan haben, ist ein zweischneidiges Schwert. Denn man kann weder sich noch andere „Ent-Schuldigen", man kann Schuld bestenfalls ausgleichen, falls das noch möglich ist. Alle Taten gehören zu dem, der sie tat – wie Bert Hellinger es formulierte: sie gehören zu seinem Schicksal und zu seiner Würde. Wenn ich jemandem vergebe, nehme ich ihm möglicherweise etwas von seiner Würde. So, wie man andere nur wirklich lieben kann, wenn man sich selbst von ganzem Herzen liebt und annimmt, so kann man auch nur vergeben, wenn man sich selbst vergeben hat. Das Entscheidende ist, Frieden zu schließen mit allem und allen. Schließen Sie also Frieden. Schließen Sie Frieden mit ihrem Schicksal, nur das führt zu einer inneren vergebenden Haltung, denn alle Anhaftungen werden beim Frieden-Schließen gelöst.

Lösen Sie auch „positive" Anhaftungen

Machen Sie sich bewusst, welchen Personen, Beziehungen, Tätigkeiten, Orten oder Dingen sie noch nachtrauern und nehmen Sie diese ganz in ihr Herz. So gehen sie mit Ihrer Energie nicht von sich weg zum Fehlenden, sondern sie holen das Fehlende zu sich herein. Halten Sie sich den Punkt oder lassen ihn sich halten „Nachtrauern erlösen" von den Heilpunkten von Erzengel Chamuel (Dokument 8, Seite 119). Nehmen Sie sich vor, Ihr Leben neu zu betrachten, zu entdecken und zu gestalten!

Vertrauen sie auf die göttliche Führung

Vertrauen Sie darauf, dass Ihre Seele unter göttlicher Führung steht, dass Sie durch Ihr höheres Selbst den Kontakt zum Göttlichen haben und dass nichts und niemand verloren geht, dass niemand tiefer fallen kann als in Gottes Hand. Vertrauen Sie darauf, dass alles einen Sinn hat, auch wenn er Ihnen noch verborgen ist. Vertrauen Sie darauf, dass der Tod das Tor zu Neuem Leben ist – ein Leben in einer Schönheit, Klarheit, Leichtigkeit, Liebe und Wissen, das wir uns hier noch schwer vorstellen können.

Wissen Sie sich von Gott geliebt

Die Idee der Rache und Vergeltung, wie sie sich im Alten Testament zeigt, und die so oft noch unser Denken und Handeln bestimmt, ist ein Prinzip, geboren aus der Angst, die bei nicht frei schwingenden Chakren entsteht. Die Angst vor Vernichtung, Angst vor Verlassen-Sein und Angst vor Unterwerfung und Knechtung münden in das Prinzip des „Entweder - Oder", entweder der/die/das andere oder ich/meins. Dies wird, wenn nötig, mit Gewalt durchgesetzt. Die Ebene der göttlichen Liebe ist bedingungslos. Vielen macht diese bedingungslose Liebe Angst, sie hadern damit, dass Gott so viel Schlimmes „zulässt". Doch nur diese Liebe kann uns in die Herzebene helfen, in die Ebene des „Sowohl-als-auch". Diese Liebe hilft uns auch heraus aus Angst und Scham, damit wir diese Lie-

be, dieses Christusbewusstsein, ganz in uns hinein lassen
können. Wissen Sie sich mit allem geliebt, was Sie aus-
macht, und ändern sie in Liebe zu sich das, was Sie an sich
ändern wollen.

Tragen Sie zur Verminderung der Angst bei

Wenn Sie können und wollen, unterstützen Sie zusätzlich
ein neues Bewusstsein auf der Erde durch den Verzicht auf
den Verzehr von Fleisch und Fisch, denn jedes unter den
heutigen Bedingungen getötete Tier erhöht das Feld von
Leid und Angst.

Teilen Sie mit Ihren Kindern spirituelles Wissen.

Erinnern Sie sich daran, dass Ihre Seele ewig lebt!

Lichtgebet

O Gott, setzte in mein Herz Licht
und in meine Seele Licht,
auf meine Zunge Licht,
in meine Augen Licht
und in meine Ohren Licht,
setze zu meiner Rechten Licht,
zu meiner Linken Licht,
hinter mir Licht und vor mir Licht,
über mir Licht und unter mir Licht,
setze in meine Nerven Licht
und in mein Fleisch Licht,
in mein Blut Licht,
in mein Haar Licht
und in meine Haut Licht.
Gib mir Licht, stärke mein Licht,
mach mich zu Licht

Prophet Mohammed (19)

Hilfe zur Begleitung Sterbender

Manche Sterbende wissen um ihr Sterben und bereiten sich schon innerlich und äußerlich darauf vor. Sie treffen Vorsorge für die Beerdigung, regeln ihren Nachlass und nehmen Abschied von ihren Lieben. Ein solches Sterben in Frieden ist aber noch nicht allen Menschen vergönnt.

Grundsätzlich sollten alle Sterbenden auf ihrem Weg ins Licht begleitet werden. Die Art der Begleitung richtet sich meist nach den inneren Haltungen und Überzeugungen des Begleiters und weniger nach den inneren Werten und den geistigen Kräften des Sterbenden. Für Angehörige ist es oft schwer, auf den Sterbenden einzugehen, da sie auch mit der eigenen Trauer und den eigenen Ängsten umgehen müssen. Die Vorstellung, den geliebten Menschen nicht mehr um sich zu haben, ist so schmerzvoll. Manchmal glauben sowohl Sterbende als auch Angehörige, ihre Gefühle verbergen zu müssen. Holen Sie sich Hilfe, falls Ihr eigener Schmerz so groß ist, dass der Sterbende Sie trösten muss, anstatt dass er von Ihnen begleitet wird.

Im Folgenden will ich einiges erwähnen, was hilfreich ist.

Wenn der Sterbende ansprechbar ist und mit Ihnen darüber reden möchte, fragen Sie ihn, ob er mit seinem Sterben in Einklang ist. Fragen Sie ihn, ob er sich über das „Danach" Sorgen macht, ob ihm etwas auf der Seele liegt, ob er noch etwas erledigen möchte, mit etwas Frieden schließen möchte, und unterstützen Sie ihn dabei. Trösten Sie ihn, wenn er traurig ist, und erlauben Sie ihm Wut und Verzweiflung. Sterbende und Angehörige dürfen zusammen trauern um das, was nicht bestehen bleiben kann, zusammen weinen, sich gemeinsam an das Schöne erinnern und sich gemeinsam auf das Licht freuen. Wenn es Ihnen möglich ist, bestärken Sie den Sterbenden in allem, was Frieden schenkt. Bestärken Sie ihn darin, dass sein Leben wertvoll war, wie immer er es auch gelebt hat – denn da von Gott kommend, ist jedes Leben wertvoll. Wichtig ist auch: Nehmen Sie dem Sterbenden die Angst vor Bestrafung. Verweisen Sie darauf, dass Gott alle seine Kinder bedingungslos liebt, dass die Hölle ein von irregeleitetem Bewusstsein erdachter Ort ist, dass ihn nicht Verurteilung, sondern Liebe und neue Erfahrungen erwarten.

Wenn es möglich und Not-Wendend ist, halten Sie ihm ein oder mehrmals folgende Heilpunkte von Erzengel Chamuel: „Angst erlösen" (Dokument 7, Seite 117), „Nachtrauern erlösen" (Dokument 8, Seite 119) und „Schuldgefühle erlösen" (Dokument 9, Seite 120), oder lassen Sie die Punkte von jemandem halten. Bitte lesen Sie dazu vorher die Anleitung (Dokument 6, Seite 114). Wie mir kürzlich eine Frau berichtete, spürte sie auf der Intensivstation die Unruhe und Angst ihres bewusstlosen Vaters. Sie setzte sich dort auf den Boden und hielt an sich selbst die Punkte „Angst erlösen" für ihren Vater, der daraufhin ruhiger wurde.

Bitten Sie für alle Sterbenden, die Sie begleiten um den Strahl der Gnade zur Erlösung aller noch dem Frieden hinderlichen Gedanken- und Gefühlsformen (Dokument 3, Seite 110). Unterstützend ist auch, das Dayala-Symbol (Dokument 1, Seite 107) und das Saikala-Symbol (Dokument 2, Seite 109) von Erzengel Michael auf den Körper des Sterbenden, unter das Kopfkissen, unter die Matratze oder neben das Bett zu legen. Sie erleichtern damit dem Sterbenden die Trennung vom Körper und das Wahrnehmen des Lichtes. Ist der Sterbende fern von Ihnen, können Sie auch sein Foto oder einen Zettel mit Namen und Geburtsdatum auf die Symbole legen. Oft hört man, dass vor einer solchen Hilfe um Erlaubnis gebeten werden muss. Ich sehe es wie bei einem Gebet: Man muss nicht um Erlaubnis fragen, um für jemanden zu beten. Wenn die Seele dessen, für den gebetet wird, nicht mit dem Gebet in Einklang ist, wird es nichts bewirken. Allerdings sollten Menschen, die nicht mit dem Sterbenden oder seinen Angehörigen über die Hilfe sprechen wollen, ihre Motive überprüfen. Geschieht die Hilfe vielleicht aus Schuldgefühlen heraus, oder können sie es möglicherweise nicht ertragen, dem Sterben gegenüber hilflos zu sein? Zusätzlich können homöopathische Mittel und farbiges Licht den Sterbeprozess erleichtern – ich empfehle hier das Buch von Rosina Sonnenschmidt: „Exkarnation – der große Wandel" (18). Selbstverständlich gehört auch eine den Wünschen des Sterbenden angepasste Schmerztherapie zur Begleitung Sterbender dazu. Hier sollte nötigenfalls die Hilfe von Palliativzentren eingeholt werden.

Wenn Ihre Trauer und Verzweiflung zu groß sind, lassen Sie sich helfen.

Lassen Sie sich auch helfen, wenn Sie mit dem Todkranken in Unfrieden gewesen sind. Fast immer gibt es – neben professioneller Unterstützung – auch Freunde oder Bekannte, die helfen können, einen anderen Blickwinkel einzunehmen und Frieden zu schließen. Eine meiner Patientinnen hatte seit Jahren keinen Kontakt mit ihren Kindern. Eine Freundin informierte die Kinder, dass ihre Mutter bald stürbe, obwohl die Patientin das zuerst gar nicht wollte. Dies führte zu einer Wende. Die Kinder begleiteten ihre Mutter und richteten eine liebevolle, respektvolle und würdigende Beerdigung aus. Die Differenzen waren im Angesicht des Todes nicht mehr wichtig. Eine Versöhnung kann natürlich auch noch nach dem Tod geschehen, wenn sie vorher nicht gelangen ist. Dies kann z. B. im Rahmen einer Familienaufstellung geschehen.

Mit Menschen im Koma reden Sie genauso, als ob sie Sie hören könnten, laut oder leise am Bett, oder innerlich, auch auf die Entfernung. Denn: alles oben Beschriebene können Sie auch auf der Seelenebene kommunizieren, wenn eine verbale Kommunikation nicht mehr möglich ist!

Helfen Sie der Seele, den Weg und das Licht zu erkennen. Weisen Sie die Seele immer wieder darauf hin, dass sie von Lichtwesen, Engeln und auch geliebten Vorfahren umgeben und begleitet ist. Bitten Sie die Lichtwesen um Schutz und Führung für die Seele. Wenn Sie nicht sicher sind, wie der bewusstlose Mensch zu den lebensverlängernden Maßnahmen wie künstliche Ernährung oder Beatmung steht, wenden Sie sich an einen einfühlsamen und seriösen Menschen, der in der Lage ist, mit der Seele zu kommunizieren.

Bericht von Uschi Funke

Bericht von Uschi Funke (14), geschrieben ca. 2 Wochen nach dem Tode ihres Ehemannes, der plötzlich ins Koma fiel:

„Ich bin dem Tod schon so oft begegnet, da ich meine Eltern und Geschwister in jungen Jahren beerdigt habe. Bisher habe ich ihn als „schwarz" und lähmend, als unerträglichen Schmerz wahrgenommen. Irgendwie war es diesmal anders. Ich weiß in meinem Kopf, dass ich ein letztes Mal in das Krankenhaus gehe, um meinem geliebten Mann in seinen letzten Augenblicken auf dieser Erde zur Seite zu stehen. Begleitet werde ich von zwei Freundinnen und ich spüre, wie sie mir ihre Kraft schenken. Ein letztes Mal gehe ich alleine zu ihm. Ich höre ihn in meinem Herzen flüstern: „Bitte erlöse mich!"

Nachdem ich ihm gesagt habe, dass ich die Maschinen jetzt abstellen lasse, reibe ich ihn mit der Dayala-Essenz ein, so wie ich es von Angelika gesagt bekommen habe und lege das Symbol auf seinen Bauch. Dann drücke ich mich an ihn und fange an zu weinen. „Du hast so viel auf meine Schultern geladen, bitte hilf mir und lass es schnell gehen. Ich liebe dich so sehr!" Auch wenn er körperlich nicht mehr seinen Arm um mich legen kann, so spüre ich seine Umarmung ganz deutlich. In dieser Umarmung liegt so viel Kraft und Liebe, und ich weiß: „Alles ist gut".

Jetzt bin auch ich zu diesem Schritt bereit und hole den

Arzt und meine beiden Begleiterinnen herein. Es ist 17.00 Uhr, als der Arzt die Maschinen abstellt. Angelika macht irgendwelche Dinge, ich spüre, dass sie die Engel zu Hilfe ruft. Ich stehe da und halte die Hand meines Mannes. Irgendwann nehme ich einen Engel an Angelikas Seite wahr. Als ich ihr davon erzähle, sagt sie zu mir: „Das ist Erzengel Michael". Von da an war alle Angst wie weggeblasen. Ich verspüre den Wunsch, das Lichtkreisgebet zu sprechen. Mit dem „Amen" spüre ich: jetzt ist er gegangen. Obwohl die Maschinen noch einen leichten Pulsschlag anzeigen, sage ich es meinen beiden Freundinnen. Angelika sagte irgendetwas von „Kronenchakra öffnen". Als ich nicht reagiere, sagt sie mir, dass ich das Kronenchakra öffnen soll. Ich tue also, wir mir geheißen. Während ich über seinen Scheitel mit meinen Fingern streiche, passiert etwas Unbeschreibliches. Licht strömt aus seinem Kopf heraus, Licht, Licht und nochmals Licht. Es verbreitet sich überall im Raum. Mein Herz ist angefüllt mit Liebe, wie ich sie noch nie gespürt habe. Nein, die Trauer ist nicht schwarz. Es ist weißes, leuchtendes Licht um uns herum, so viel Licht und ein ganz tiefer Frieden. Ich sehe, wie der Arzt den Bildschirm ausschaltet. Es ist 17.20 Uhr. Wir stehen noch lange bei meinem Mann. Es ist schön, ihn so friedlich liegen zu sehen. Nach einer halben Stunde kann ich gehen. Da ist kein Schmerz in meinem Herzen. Es ist einfach nur ein Leuchten; denn ich weiß, er lacht und strahlt, und ich spüre eine alte, neue Liebe in meinem Herzen. Ich fühle: alles ist gut!

Hilfe für Verstorbene

Auch Verstorbene benötigen Begleitung. Reden Sie mit dem frisch Verstorbenen weiter, als ob er Sie hören könnte – denn seine Seele hört Sie. Bitten Sie darum, dass er Lichtwesen, geistige Führer oder eine andere Repräsentation des Christuslichtes bzw. der spirituellen Autoritäten seiner Religion sieht, hört, fühlt, wahrnimmt – dies kann je nach Kultur verschieden sein. Bitten Sie darum, dass die Seele sich nicht irritieren lässt, sondern das Licht wahrnimmt und ihm folgt.

Menschen vieler Kulturen sind nicht darauf eingestellt, dass sie nach dem Tode Bewusstsein haben. Sie erwarten, in einen Tiefschlaf zu fallen und erst am Jüngsten Tag wiedererweckt zu werden. Möglicherweise geschieht einigen ja nach ihrem Glauben und sie vermissen nichts. Meine Erfahrungen sind, dass sich die Seelen wie eine Art bewusstloser Automat fühlen, wie ein Schlafwandler. Es ist daher wichtig, den Verstorbenen zu erläutern, dass die Engel und Verstorbenen sie erwarten und begleiten, dass das „Warten auf den Jüngsten Tag" kein passives Dahindämmern bedeutet, sondern etwas Freudvolles, Wunderbares, zu Genießendes. Erklären Sie den Seelen auch, dass sie jetzt nicht mehr nur ihre Muttersprache, sondern alle Sprachen verstehen oder rufen Sie die Engel als Dolmetscher zu Hilfe. Frisch Verstorbene christlicher Kultur sollten möglichst lange in einer vertrauten Umgebung bleiben. Leider ist heute die gesetzliche Lage so, dass ein Leichnam innerhalb von 24 Stunden in eine Leichenhalle oder ein Beerdigungsinstitut verbracht werden muss. Diese Frist gilt ab dem Zeitpunkt, ab dem der Arzt oder das Bestattungsinstitut von dem Tod erfahren. Das Ritual des Aufbahrens und der Totenwache hat seinen Sinn darin, dass die Seele sich sicher fühlen kann. Nutzen Sie die Zeit und besuchen Sie den Verstorbenen vor der Beerdigung auch an dem Ort, an dem er ist. In anderen Kulturen ist die Beerdigung innerhalb kürzester Zeit zwingend vorgeschrieben. Diese Verstorbenen wissen das und sind innerlich darauf eingestellt. Die buddhistische Religion empfiehlt, dem Verstorbenen für einige Zeit kleine Speisen hinzustellen, um ihnen den Weg ins Licht zu erleichtern (3).

Wesentlich bei der Begleitung Verstorbener ist auch: erklären Sie dem Verstorbenen alle Maßnahmen am Leichnam. Versichern Sie dem Verstorbenen, dass er oder sie den Körper nicht mehr benötigen. Sollten Sie einer Obduktion zugestimmt haben, ist diese Beruhigung, dass die Seele frei vom Körper ist, besonders wichtig. Auch wenn Ärzte das verständlicherweise anders wollen: Wenn Sie mitbestimmen können, lassen Sie möglichst 48 Stunden vor einer Obduktion verstreichen, da Sie der Seele Zeit geben sollten, sich zu orientieren, und helfen Sie ihr dabei.

Wenn der Verstorbene oder Sie in die in die Entnahme von Organen zur Organspende eingewilligt hatten, müssen die Lebensfunktionen des Verstorbenen meist für einige Zeit künstlich unterhalten werden, damit die Organe sich nicht zersetzen. Hier ist das Gespräch mit der Seele ganz besonders wichtig. Denn es handelt sich oft um Unfallopfer, die noch im Schock sind und ihre Lage wahrscheinlich noch nicht verstanden haben. Lassen Sie sich nicht drängen, sondern lassen Sie die maschinelle Unterstützung so lange an, bis Sie sich ganz sicher sind, dass der Verstorbene verstanden hat, dass er den Körper nicht mehr braucht.

Diese Versicherung, den Körper nicht mehr zu benötigen, brauchen auch oft Menschen, die mit durch Verletzung zerstörten Körpern gestorben sind, verschüttet oder anderweitig hilflos waren.

Meine geistige Führung empfiehlt, bei frisch Verstorbenen und bei der Beerdigung folgenden Satz zu sagen: „Aus Licht bist Du geboren – zu Licht sollst Du werden!" (20). Die Hinwendung zum Licht können Sie unterstützen, indem Sie dem Sarg und dem Grab das Dayala-Symbol (Dokument 1, Seite 107) beigeben.

Der Bericht von Uschi Funke auf Seite 90 zeigt, wie ein Sterben in Licht und Liebe geschehen kann. Doch auch ein Abschied-Nehmen in einer solchen Akzeptanz und in einem solchen Vertrauen führt nicht dazu, dass um die geliebte Person, um das Verlorene, nicht mehr getrauert wird.

Bitte bedenken Sie: viele der oben genannten Unterstützungsmaßnahmen helfen auch noch Jahre und Jahrhunderte nach dem Tod. Körperlose Seelen sind nicht mehr an Zeit und Raum gebunden. Für sie ist es immer „jetzt". Im Kapitel „Hilfe für Hinterbliebene" wird darauf noch einmal eingegangen.

Gedanken von Uschi Funke (14) zum Tod

Einige Wochen nach der Beerdigung schrieb Uschi diese Sätze, die aus ihr herausströmten und die sie den Danksagungen beilegte:

Der Tod ist bedeutungslos,
ich bin nur auf die andere Seite gegangen.
Ich bin ich – und Du bist Du.
Was wir füreinander waren,
das sind wir noch immer.
Das Leben ist, was es immer war.
Warum sollte ich aus Deinem Herzen
und Deinen Gedanken verschwinden,
nur weil du mich nicht mehr siehst.

Nein, ich bin nicht weit –
nur auf der anderen Seite.
Siehst Du, alles ist gut.
Du wirst mein Herz auf's Neue entdecken
und darin die Zärtlichkeit wieder finden.

Denk an mich
und lache über alles, worüber wir gemeinsam lachten.
Lebe, wie wir gemeinsam lebten.
Genieße, was wir gemeinsam hatten.

Das Leben wirklich zu genießen macht es möglich,
den Tod zu lieben, als Teil des Lebens.

Nur wer es nicht wagt, zu leben,
wagt es auch nicht zu sterben.

Du musst die Vergangenheit begreifen,
damit du die Zukunft neu gestalten kannst.

Du hast meine Hand gehalten,
ohne meine Seele zu fesseln.

Unsere bedingungslose Liebe
hat uns im Leben getragen,
und sie macht es auch möglich,
dass wir noch immer füreinander da sind.

Auf der Erde hat der Tod uns getrennt,
doch im Himmel sind wir EINS!
Öffne Dein Herz, und Du wirst mein Licht sehen.
Das Leben ist mehr, als dass, was wir anfassen
und sehen können.
Dieser Wandel in der Energieform
kann voller Freude sein,
wenn er mit dem Bewusstsein der
Liebe zum Leben wahrgenommen wird.
Lass die Liebe in Dein Herz,
denn nur sie vermag, dass der Schmerz gehen kann.

Darum trockne Deine Tränen
und weine nicht mehr,
wenn Du mich liebst.

Hilfe für Hinterbliebene

Sie als Angehörige oder Freunde von Verstorbenen sollten die Seele weiter ermuntern, das Licht zu sehen, dem Licht zu vertrauen, alles hier loszulassen, sich dem Neuen zu überantworten.

Viele meiner Patienten berichten, dass sie noch einige Tage oder Wochen nach dem Tode die Anwesenheit des Verstorbenen spüren. Das ist ganz normal; denn die Seele geht den Weg nach dem Tod in ihrer eigenen Zeit – so wie sie im Leben auch alles in ihrer eigenen Zeit gelebt hat. Erst wenn diese Wahrnehmung länger als 3 Monate anhält, könnte es sein, dass die Seele hier anhaftet. Prüfen Sie, ob Sie selbst es sind, die die Seele festhält, weil der Schmerz über den Verlust so groß ist. Wir sprechen vom Trauerjahr. Dieses Jahr dient dem Prozess des Loslassens des Verstorbenen. In dieser Zeit werden die Trauernden oft von Wellen des Schmerzes überrollt. Ein Dauerschmerz, bei dem der Menschen diese ganze Zeit über untröstlich ist, ist ein Zeichen von Unerlöstem. Nach dem Tode meiner Mutter durchströmte mich noch viele Jahre danach immer mal wieder eine Welle von Trauer, doch die Abstände wurden nach der ersten Zeit immer größer und traten dann nur noch zu besonderen Anlässen auf.

Nicht jede Wahrnehmung einer Seele bedeutet, dass sie unerlöst ist. Offensichtlich kann es auch sein, dass die Seele sich in Liebe frei multidimensional bewegt. Dann fühlen sie alle die Anwesenheit des Verstorbenen als liebevoll, freilassend, unterstützend oder sogar heilend.

Sie werden zumeist wahrnehmen, wenn es nicht gelungen ist, die Seele angemessen zu unterstützen. Dies spüren Sie z. B. an ihrer eigenen Verfassung:
Sie können sich z. B. auch nach längerer Trauerzeit noch körperlich schwach, innerlich unruhig oder verwirrt fühlen. Sie können körperliche Symptome haben wie Druck auf der Brust oder nächtliches Erwachen mit Angst. Oder sie fühlen sich nicht gut, wenn sie an den Verstorbenen denken, obwohl sie in Liebe verbunden waren. Bedenken Sie auch: Gerade Kinder erhalten einerseits oft nicht genug Unterstützung für ihre Trauerarbeit, weil die Erwachsenen mit sich selbst beschäftigt sind. Andererseits sind sie offener für die Seelenenergien, so dass es manchmal nur die Kinder sind, die die unerlösten Seelen wahrnehmen und darunter leiden.

Wenn Sie vermuten, dass der Verstorbene unerlöst ist, sollten Sie sich professionelle Hilfe holen. Viele Menschen wissen um ihre Gabe, in solchen Situationen helfen zu können, einen Kontakt mit den Verstorbenen herstellen zu können um zu erkennen, was gebraucht wird (10, 12, 16, 17). Dies sollte stets in Demut und Liebe geschehen. Eigentlich haben wir alle diese Gabe; denn es ist eine Eigenschaft unseres menschlichen Selbstes, dass unsere physischen Sinne auch feinstofflich funktionieren. Doch für alles, was uns selbst betrifft, benötigen wir oft die Unterstützung anderer. Der Kontakt zum Verstorbenen und die Hilfe können auch durch die Aufstellungsarbeit geschehen, die manchmal mehrmals stattfinden muss.

Ich rate Ihnen ab, zu einem medial begabten Menschen zu gehen, um mal eben so zu erfragen, wie es dem Verstorbenen geht. Sollten Sie diesen Impuls in sich spüren, hinterfragen Sie Ihre Motive und prüfen Sie, worum es Ihnen wirklich geht. Denn hier geht der Impuls des Anhaftens möglicherweise von Ihnen aus. Es ist sinnvoll, immer auch bei sich zu schauen: Womit bin ich in Resonanz, dass die Seele des Verstorbenen in den unteren Ebenen verweilt? Leider sind diese Gefühle und Gedanken, mit denen wir Verstorbene festhalten, häufig unbewusst.

Ein starkes, die Seele festhaltendes Band können z. B. Versprechen auf dem Totenbett sein, die der Sterbende eingefordert hat, oder die Sie selbst abgegeben haben, auch solche aus früheren Leben. Solche Versprechen können nur für eine bestimmte Zeit gelten; denn Leben ist Wandel. Wenn Sie diese Versprechen nicht halten können, erschafft Ihr „schlechtes Gewissen" neue Bänder. Wenn Sie Rache gelobt haben, kommt keiner der Beteiligten in Frieden. Hier kann das Gebet zur Lossagung helfen (Dokument 4, Seite 111). Auch übermäßige Trauer erzeugt Bänder. Sie ist ein Hinweis darauf, dass der so Trauernde dem Toten, dem Schicksal oder Gott wahrscheinlich auf eine gewisse Art böse ist; denn er stemmt sich mit aller Kraft gegen das Leben, wie es war und ist. In der christlichen Tradition dienen eigentlich die Jahrtagsmessen und Gedenkfeiertage dazu, dass die Seelen Frieden finden. Bei den Menschen, die zu mir in die Praxis kommen, hat das nicht ausgereicht.

Wenn Sie vermuten, dass es zwischen Ihnen und dem Verstorbenen Unerlöstes gibt: Bitten Sie getrennt für sich und für den Verstorbenen um den Strahl der Gnade zur Erlösung aller Gefühle und Gedanken, die die Seele hier festhalten (Dokument 3, Seite 110). Bitten Sie Erzengel Michael darum, die Bänder zu durchtrennen, die Sie und den Verstorbenen auf eine verstrickende Art miteinander verbinden, damit jede Seele ihren Weg frei gehen kann.

Im Buch „Heilende Berührung – Heilpunkte von Erzengel Chamuel" finden sich Berührungspunkte, die in der Aura anhaftenden Seelen hilft, sich zu lösen (Dokument 10, Seite 121), ein Punkt, der Energie aus früheren Inkarnationen erlöst, und auch ein Punkt, der hilft, die Energie der Vorfahren in sich zu erlösen (8). Bitte lesen Sie immer vorher die Anleitung (Dokument 6, Seite 114).

Therapeuten, die kinesiologisch arbeiten oder anderweitig testen, können bei Bedarf mit Hilfe des chinesischen Schriftzeichens „GUI" (Übersetzung: Dämon) die Anwesenheit einer Seele am Körper/in der Aura des Patienten feststellen (Dokument 11, Seite 123). Ich erhielt dieses Symbol von meinem ersten Akupunkturlehrer (9). Die chinesische Medizin wusste schon um unerlöste Seelen und darum, dass sie die Gesundheit der Lebenden beeinträchtigen können. Sie hatte die Transformationskraft einiger Akupunkturpunkte erkannt.

Wenn Patienten zu mir kommen, gehe ich folgendermaßen vor:

Handelt es sich um eine normale Behandlung, lege ich das Schriftzeichen „GUI" auf die erkrankte Körperstelle oder einfach auf den Brust- oder Bauchbereich, um zu erfahren, ob im Zusammenhang mit der Erkrankung eine oder mehrere unerlöste Seelen anwesend sind. Ist dies der Fall, steche ich den passenden Akupunkturpunkt, der sich durch den Test ergibt, oder behandle ihn mit dem passenden farbigen Licht.

Dann bitte ich Jesus Christus um Hilfe, um mit seiner Liebe, seinem Licht, seiner Heilkraft, seiner Strahlkraft und seiner Transformationskraft der Seele zu helfen

Ich teste, wer der oder die Verstorbene ist bzw. wer sie sind und wann der Kontakt mit meinem Patienten stattgefunden hat. Dann frage ich den Patienten, wie er sich damals gefühlt hat, woran er gedacht hat, mit welchen Problemen er gerade zugange war, um das Resonanzfeld zu erkennen.

Dann bitte ich die Seele darum, mir ihre Verfassung mitzuteilen. Diese Information erhalte ich als innere Bilder, als Gefühle, Gedanken oder intuitives Wissen.

Dann spreche ich ein- oder mehrmals das Gebet um den Strahl der Gnade, mit der diese Gefühle und Gedanken erlöst werden mögen. Wenn ich erkenne, dass es noch andere Seelen bzw. Gefühls- und Gedankenformen anderer Seelen gibt, die auf die Seele des Verstorbenen einwirken, bitte ich auch um die Erlösung dieser Seelen.

Ich bitte darum, dass die Seele sieht, fühlt, hört, spürt, wahrnimmt, dass sie das alles nicht mehr braucht, dass sie frei ist, dass sie geliebt ist, dass sie die Zusammenhänge um ihren damaligen Tod besser versteht, wenn sie ins Licht geht.

Falls erforderlich, berühre ich den Punkt „Seelen erlösen" von Erzengel Chamuel (Dokument 10, Seite 121).

Manchmal muss der Patient selbst auch mit der/dem Verstorbenen Frieden schließen, ihn oder sie loslassen, ein Gelübde widerrufen – je nach Wahrnehmung.

Das alles tue ich so lange, bis der Patient und ich spüren, dass es leichter wird.

Ich bitte immer darum, dass die Seele und die Christuskraft zusammenkommen, dass die Engel und die Seele zusammen kommen. Ich sehe mich sozusagen als Mittlerin zwischen der Seelenenergie des Verstorbenen und den anderen Lichtkräften. Mir persönlich widerstrebt es, der Seele Befehle zu erteilen, sondern ich bitte darum, dass es geschieht.

Wenn sich herausstellt, dass ein Ort mit den Energien unerlöster Seelen belastet ist, bitte ich auch um Erlösung der Naturwesen, von Mutter Erde und den Elementen. Ich bitte um Erlösung der Häuser, Steine, Tiere und Pflanzen, damit der ganze Ort wieder durchlichtet wird.

Oft sind es nicht unerlöste Seelen, sondern nur Gefühls- und Gedankenformen (sogenannte Elementale bzw. Dämonen), die Nahrung suchen, wachsen wollen und belasten. Diese können auch aus eigenen früheren Inkarnationen oder von den Vorfahren stammen. Hier bitte ich darum, dass die Seelen erlöst werden, von denen die Gefühls- und Gedankenformen stammen, dass sie in die bedingungslose Liebe zurücktransformiert werden, aus der alles erschaffen ist.

Ich bitte darum, dass die damit verbundenen und dadurch gefesselten Seelenaspekte befreit werden, und fordere den Patienten auf, diese Kraft, falls sie dem Patienten hier im Leben fehlt, zu sich zurückzuatmen. Zu diesen Themen setze ich ebenfalls bei Bedarf die passenden Heilpunkte von Erzengel Chamuel ein (8).

Ich begleite diese Arbeit auch mit homöopathischen Mitteln.

Wenn nötig, mache ich eine Aufstellung. Schritt für Schritt erfahren der Patient und ich mit Hilfe von Symbolen für die Stellvertretung, worum es geht, wo die Verstrickung ist und was Erlösung braucht. In der Aufstellungsarbeit finden sich häufig Themen bei den Ahnen, die einen größeren Personenkreis betreffen, wie Kriege oder Ermordung von Behinderten, Zwangsarbeitern, Juden, Sinti und Roma unter dem Nazi-Regime. Aber auch individuelle Gewalttaten wie Totschlag, Abtreibungen oder nicht erlöste Zusammenhänge aus früheren Inkarnationen, Vergewaltigungen, Missbrauch, Prostitution können unerlöst sein und wirken, ebenso Inzest, sexuelle Beziehungen von Priestern, Mönchen oder Nonnen, Homosexualität, Tierquälerei - eben alles. Diese unerlösten Geschehnisse wirken bis hin zum Klima in Arbeitsstätten. Die Gebete hier sind ähnlich wie in der Behandlung und beziehen die Naturwesen und Elemente mit ein. Der Patient, der die Aufstellung braucht, wird in ein oder mehrere Heilungsrituale eingebunden.

Akute körperliche Symptome können mit Hilfe dieser Techniken und Gebete gut abheilen, gerade auch bei Kindern. Menschen mit schweren chronischen Krankheiten benötigen häufig mehrere Behandlungen, da sich mehrere Themen in der Krankheit gesammelt haben, und sie benötigen natürlich auch andere Therapien. Meine Arbeit macht lediglich den Weg frei für eine Wirkung der Selbstheilungskräfte und der anderen notwendigen Behandlungen.

Leider gesunden Patienten nicht immer nach einer solchen Erlösungsarbeit, insbesondere bei schwerster Depression, Manie, Psychose oder einer verwandten Störung. Auch heilen schwere chronische Krankheiten nicht alle aus. Menschen sterben auch weiterhin an ihren Krankheiten – aber es ist gut, wenn sie dabei mehr inneren Frieden haben.

Es gibt zahlreiche Menschen, die mittels Gebeten oder anderer Rituale dabei helfen, Verstorbene zu erlösen, Seelenaspekte zu befreien und zurückzuholen (z. B. 9, 10, 12, 16, 17). Dies gehörte schon immer zu den Aufgaben schamanischer Behandler, Priester und Meister verschiedener spiritueller Traditionen. Die „Teufelsaustreibungen" der christlichen Tradition sind hingegen oft zerstörerisch und selten zu empfehlen. Anregung bieten können auch die Bücher von Anton Stygr. In einem seiner Bücher sind seine Heilgebete zusammengefasst (11). Das Ehepaar Burbaum bietet im Rahmen einer Ausbildung auch Hilfe beim Erkennen und Erlösen von unerlösten Seelen an, so dass die Arbeit auch gut über die Ferne möglich ist. (12).

Hören Sie immer auf ihre innere Stimme und auf ihre Gefühle und seien Sie achtsam, bei wem Sie sich Hilfe holen. Nicht jeder ist derzeit dafür gerüstet, mit den Ebenen unerlöster Seelenenergien umzugehen.

Auch wenn ich mir wünsche, alle Menschen, die zu mir kommen, erhielten die Schlüssel für ihre Heilung von mir: es gelingt nicht. Kann es wohl auch nicht; denn der Weg der Seele ist von jedem nur selbst zu erforschen und bleibt oft unbekannt, solange die Seele in diesem Körper wohnt. Umso wichtiger ist es mir, die Menschen, wenn ich darf, auf ihrem Weg zu begleiten und ihrem Seelen-Wachstum zu dienen, der Erweiterung ihres Bewusstseins hin auf ihr Potential - in Freiheit, Liebe und Freude.

Der Mensch als Geist in einem physischen Körper ist zwischen zwei Pole gespannt: Er hat einen freien Willen und bestimmt selbst über seine Erfahrungen - dies ist der eine Pol. Der andere Pol ist: Das Leben geschieht und Ereignisse, auch Erkrankungen, stehen uns schicksalhaft gegenüber, von einer Macht bestimmt, die wir nicht unter Kontrolle haben. Auch wenn wir unser Bewusstsein erweitern und uns immer tiefer in die Selbstbemeisterung begeben: das, was erkennbar ist, ist nicht die göttliche Quelle selbst.

Der Tod ist jedoch nichts, was man um jeden Preis vermeiden müsste. Er ist wie die Geburt ein Transformationsvorgang; denn:

Aus Licht bist Du geboren, zu Licht sollst Du werden!

Mögen Sie mehr und mehr in Einklang mit Ihrem Leben kommen, die bedingungslose göttliche Liebe in Ihrem Herzen spüren und aus ihr heraus handeln.

NAMASTE

Verzeichnis der Dokumente und Gebete

Dokument 1: Dayala-Symbol aus „Symbole und Mantren für den Aufstieg" (7)

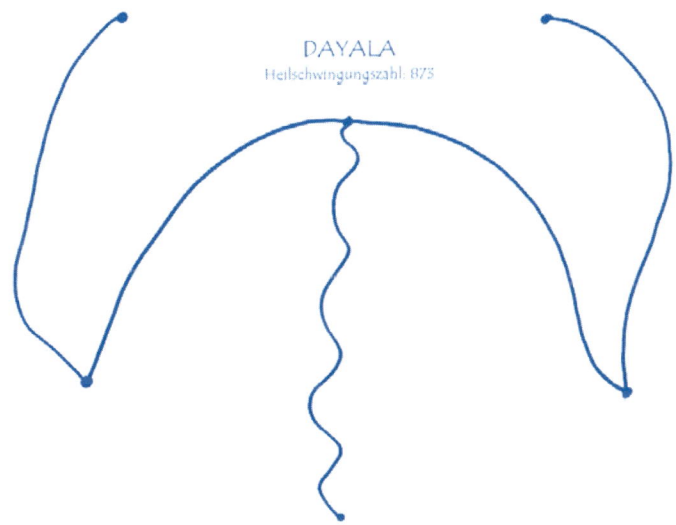

DAYALA
Heilschwingungszahl: 873

Mit Hilfe dieses Symbols errichten die Engel eine Lichtsäule in die höheren Ebenen, die den Seelen den Weg weist.

„Dieses Symbol erlöst alte Wesenheiten, es erlöst verstorbene Seelen, die sich nicht lösen können.
Das Symbol wirkt sofort und überall dort, wo ihr es hinlegt.
Es schickt die Seelen, die sich in einem Raum befinden, ins

Licht. Plätze und Häuser können damit gereinigt werden. Besessene oder besetzte Menschen können damit wieder frei werden.

Menschen, die die Erde verlassen möchten, kannst du mit dem Symbol begleiten.

(...)

Anwendungshinweise:
Sobald ihr dieses Symbol öffnet, d.h. offen auslegt, bildet sich ein Lichtkanal und die Seelen können gehen.

Um energetische Bänder zwischen euch Menschen in Licht zu transformieren, kannst du Photos von dir und einem anderen Menschen auf beide Seiten des Symbol legen. Wenn du kein Photo hast, kannst du auch eure Namen auf zwei Zettel schreiben und diese auf das Symbol legen. Damit die Bänder von beiden Seiten ausgelöscht werden, musst du die Person, von der du die Bänder lösen möchtest, darüber informieren.

Ihr könnt das Symbol auch mit in die Grabstätten legen, damit sich die Seelen wirklich lösen können.

Die Heilschwingungszahl ist: 8 7 3"

(aus: „Symbole und Mantren für den Aufstieg" von Natara)

Dokument 2: Saikala-Symbol aus „Symbole und Mantren für den Aufstieg" (7)

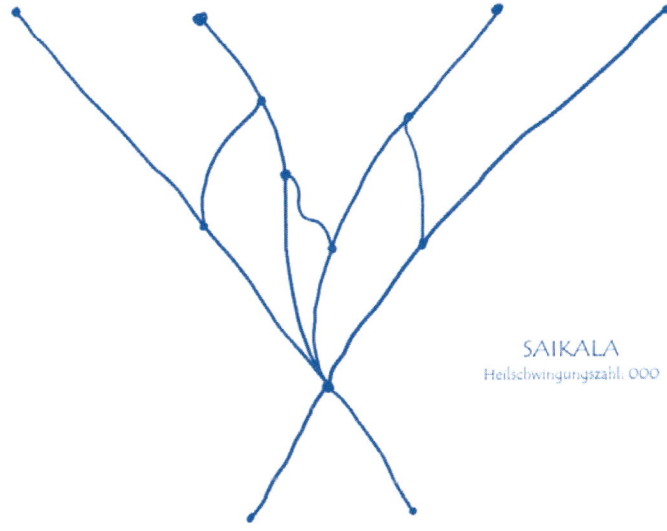

SAIKALA
Heilschwingungszahl: 000

Dieses Symbol ruft die Engel, die dann die Seelen der Menschen und Tiere dabei unterstützen, in den Körper zu gelangen oder ihn wieder zu verlassen.

„SAIKALA hilft den Menschen, sich von der Erde zu lösen. Es hilf euch, die Seele ins Licht zu begleiten.

SAIKALA erleichtert die Geburt. Es hilft euch für die Inkarnation und die Exkarnation. Auf der Erde anzukommen und die Erde wieder zu verlassen, denn beides ist eins.

Die Heilschwingungszahl ist: o o o"

(aus: „Symbole und Mantren für den Aufstieg" von Natara)

Dokument 3: Gebet um den Strahl der Gnade

Ich bitte um den Strahl der Gnade zur Erlösung aller Gefühlsformen, Gedankenformen Muster, Frequenzen und
Hologramme von

hier den Inhalt formulieren, wie Angst, Zorn, Verzweiflung usw., die den Verstorbenen hier festhalten, oder das, was man für sich selbst erlösen
möchte

in jeder Beziehung
auf allen Ebenen
zu allen Zeiten
in allen Zeitschleifen
in alle Universen
in allen Dimensionen
in allen Inkarnationen
in allen physischen Aspekten, Licht- und Energiekörpern

jetzt und sofort
jetzt und sofort
jetzt und sofort

Danke! Danke! Danke!

Dokument 4: Gebet zur Lossagung, wenn Sie z. B. mit dem Verstorbenen (oder auch mit Lebenden) durch besondere Gelübde verbunden sind

Falls Sie das Versprechen kennen, benennen Sie es konkret. Falls Sie es nicht genau kennen, benutzen Sie die folgende allgemeine Form:

Ich rufe die göttliche Quelle als Zeuge,
die jedem den freien Willen gegeben hat,
und sage mich hiermit los
von allen Gelübden, Schwüren, Eiden, Versprechen und Verträgen,
die ich in inkarnierten und nicht inkarnierten Zuständen
abgelegt habe.

Ich sage mich los
in jeder Hinsicht
auf allen Ebenen
zu allen Zeiten
in allen Zeitschleifen
in allen Universen
in allen Dimensionen
in allen Inkarnationen in allen physischen Aspekten,
Licht- und Energiekörpern

ab jetzt und sofort – ab jetzt und sofort – ab jetzt und sofort

Ich bin Licht - ich bin Licht - ich bin Licht

Meine Wahrheit ist: Ich entscheide frei – jetzt und immerdar – jetzt und immerdar – jetzt und immerdar

Dokument 5: Ritual zum Frieden-Schließen und zur Integration abgelehnter Anteile

1. Benennen Sie das Gefühl, den Gedanken, den Zustand, den Groll, der Sie belastet

2. Sehen Sie sich in diesem Gefühl, in diesem Gedanken, in dieser Verfassung selbst wie eine Skulptur. Welche Haltung hat sie? Welche Größe? Welche Farbe? Welches Material?

3. Erinnern Sie sich an eine Situation, in der dieses Gefühl, dieser Gedanke, dieser Zustand erstmals auftrat oder besonders schlimm war....... Sehen Sie dann die Person bzw. die Personen, die Ihrer Meinung nach der/die Verursacher dafür waren

4. Schauen Sie diese Person an (falls es sehr traumatisch ist, auch aus großer Ferne), und sagen Sie jetzt dieser Person – falls es mehrere sind, jeder einzeln – ich lasse die Verantwortung für alle deine Handlungen bei dir. Ich übernehme die Verantwortung für mein Gefühl und meine Gedanken von..........., die ich als Reaktion auf deine Handlung hatte

5. Bitten Sie jetzt Erzengel Michael, die Bänder, die sie mit der Person (bei mehreren Personen jede einzeln) durch deren Handlung und Ihre Reaktion darauf verbinden, durchzuschneiden

6. Drehen Sie sich zu Ihrer Skulptur um und umarmen Sie sie so lange, bis diese in Ihr Herz geschmolzen ist. Falls

dies nicht beim ersten Mal gelingt, wiederholen Sie die Übung, bis es geht. Wahrscheinlich verändert sich die Skulptur dabei. Stimmen Sie der Veränderung zu und umarmen Sie sie immer wieder.

Dokument 6: Gestaltung einer Heilenden Berührungs-Sitzung

entnommen aus „Heilende Berührung – Heilpunkte von Erzengel Chamuel" (8)

Eine Heilende Berührungs-Sitzung kann bei Erwachsenen zirka eine bis anderthalb Stunden dauern.

1. Achte auf eine möglichst ungestörte Umgebung und ausreichend Wärme.

2. Der Empfangende sitzt oder liegt bequem und entspannt. Im Liegen sollte ein Kissen oder eine gerollte Decke unter den Knien liegen, im Sitzen auch eine Rückenlehne vorhanden sein.
Der Empfangende sollte zugedeckt sein.
Beim Berühren des Angstpunktes sollte der Empfangende liegen (bei dir selbst hältst du ihn im Sitzen).
Der Gebende sitzt. Eine Arbeit im Stehen ist bei einigen Punkten möglich, jedoch in der Regel zu anstrengend, außer bei Babys und Kleinkindern, bei denen die Berührung wenig Zeit erfordert.
Wenn du dir die Punkte selbst hältst, achte auf eine Rückenstütze, falls du sitzt, und lege dir etwas als Halt unter die Arme, falls du liegst.

3. Lege Schmuck jeder Art, auch Piercing und Uhren ab (Piercing ist fast immer ein generelles Heilungshindernis, da es den Energiefluss massiv stört, Ohrringe können bleiben).

4. Verbindet euch - Gebender und Empfangender - jeder für sich mit der Christusliebe, dem Höheren Selbst oder wie du dein Gewahrsein von Gott nennst.

5. Visualisiere jeder für sich eine Lichtsäule um euch herum.

6. Lasse jeder für sich Wurzeln aus den Füßen bis zum Erdmittelpunkt wachsen.

7. Öffne jeder für sich das Kronenchakra - dies geschieht durch deine Absicht und, wenn du magst, mit einer unterstützenden Bewegung.

8. Bitte um Heilung zum Bestmöglichen für den Empfangenden und zum Wohle der gesamten Schöpfung.

9. Berühre die Punkte zu dem ausgewählten Thema.
Hier ist wirklich nur Berühren gemeint, nicht drücken!
(Bei Schwangeren die Punkte in der Luft halten)

10. Tauscht euch während der Sitzung aus, indem ihr ab und zu über eure Wahrnehmungen berichtet.
Der Gebende sollte sich immer wieder mal ohne aufdringliche Neugier nach dem Befinden und Wahrnehmungen des Empfangenden erkundigen. Er sollte von seinen Empfindungen berichten und den Empfangenden fragen, ob er diese Wahrnehmung kennt. Wenn der Empfangende wenig reden will, muss das respektiert werden. Er sollte jedoch nicht völlig abdriften. Der Austausch kann nach der Sitzung vertieft werden.

11. Kontrolliere ab und zu, ob deine Finger noch auf dem Punkt sind. Während der Berührung kann eine Trance auftreten, so dass die Finger verrutschen können.

12. Wenn du und der Empfangende nichts mehr spüren, das heißt, auch über längere Zeit keine Energiebewegung mehr unter deinen Fingern spürbar ist oder keine sonstigen besonderen Körperwahrnehmungen vorhanden sind, kann mit der vertiefenden Technik weitergearbeitet werden, oder die Sitzung wird beendet.

13. Zum Beenden entfernst du langsam die Hände von der Berührungsposition.

14. Ihr schließt euer Kronenchakra durch eure Absicht und wenn ihr wollt mit einer entsprechenden Bewegung und dankt.

Wenn du noch Körperkontakt mit dem Empfangenden haben willst, ist das in Ordnung, aber nicht mehr den Heilenden-Berührungs-Punkt halten!

Dokument 7: Heilpunkt von Erzengel Chamuel: „Angst erlösen"

entnommen aus „Heilende Berührung – Heilpunkte von Erzengel Chamuel" (8)

Beidseits den Daumen in der Kuhle unter dem Innenknöchel Richtung Fußsohle halten, die Handflächen liegen über dem Fußrücken.

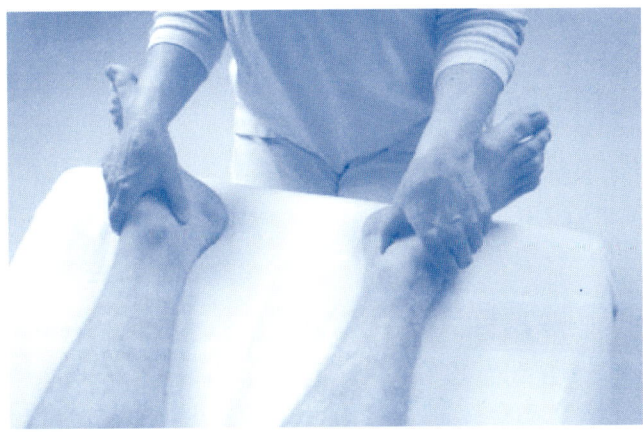

Abb. 1

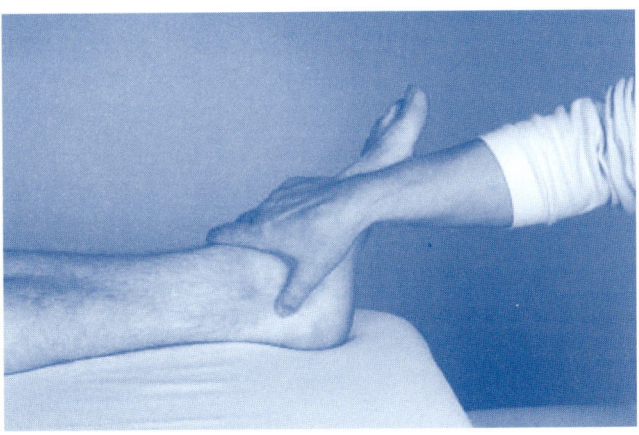

Abb. 2

Diesen Punkt bei Schwangeren nur gegen Ende der Schwangerschaft halten, da er Wehen auslösen kann.

Botschaft von Erzengel Chamuel zum Punkt 'Angst erlösen'

Eure Angst ist das größte Hindernis für die Liebe, das größte Hindernis für Transformation. Deshalb ist es so wichtig, eure Angst loszulassen, damit ihr euch für euch selbst öffnen könnt. Wenn ihr euch für euch selbst öffnet, könnt ihr euch auch für die anderen öffnen, und dann ist kein Krieg mehr nötig.

Dokument 8: Heilpunkt von Erzengel Chamuel: „Nachtrauern erlösen"

entnommen aus „Heilende Berührung – Heilpunkte von Erzengel Chamuel" (8)

Fünf Finger zusammen in der kleinen Kuhle in der Brustbeinmitte ungefähr in der Höhe der Brustwarzen.

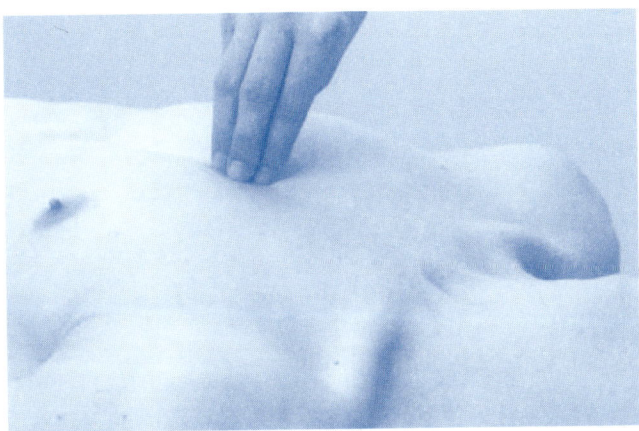

Abb. 3

Botschaft von Erzengel Chamuel zum Punkt 'Nachtrauern erlösen'

Nachtrauern ist nicht der akute Schmerz um den Verlust eines geliebten Menschen. Es entsteht, wenn du auf jemanden oder auf etwas verzichten musst, das dir lieb geworden ist. Du trauerst dem Gefühl nach, das du damit verbindest. Liebe den oder das ganz und nimm es samt Verzichtsschmerz in dein Herz. Dann macht dich das Fehlende reich und liebevoll.

Dokument 9 Heilpunkte von Erzengel Chamuel: „Schuldgefühle erlösen"

entnommen aus „Heilende Berührung – Heilpunkte von Erzengel Chamuel" (8)

Mittelfinger über dem Zeigefinger, beide übereinander an der Stirnhaargrenze in der Stirnmitte.

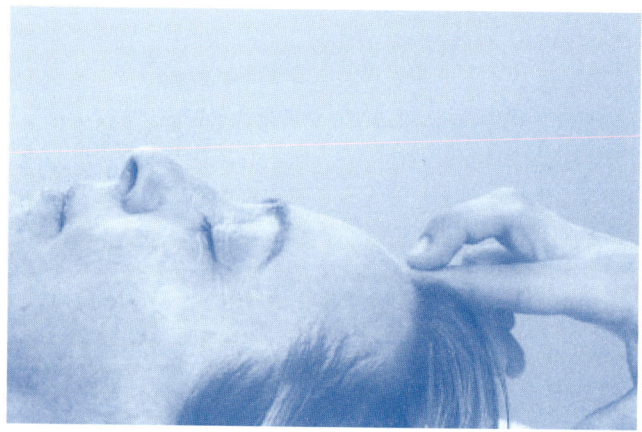

Abb. 4

Botschaft von Erzengel Chamuel zum Punkt 'Schuldgefühle erlösen'

Schuldgefühle sind ein Trick, um nicht weiter wachsen zu müssen. Sie sind ein Trick, um nicht zu sich selbst zu stehen. Ersetzt Schuld durch Verantwortung für eine bestimmte Handlung oder Erfahrung! Akzeptiert euch mit dieser Verantwortung, seid authentisch damit. Liebt alles, was ist.

Dokument 10: Heilpunkte von Erzengel Chamuel: „Seelen erlösen (Anhaftungen)"

entnommen aus „Heilende Berührung – Heilpunkte von Erzengel Chamuel" (8)

Fünf Finger der einen Hand zusammen in der Mitte der Strecke zwischen Bauchnabel und Schambeinoberrand, Daumen und Zeigefinger der anderen Hand auf je einer der Wölbungen am Hinterhaupt ungefähr in der Hinterkopfmitte.

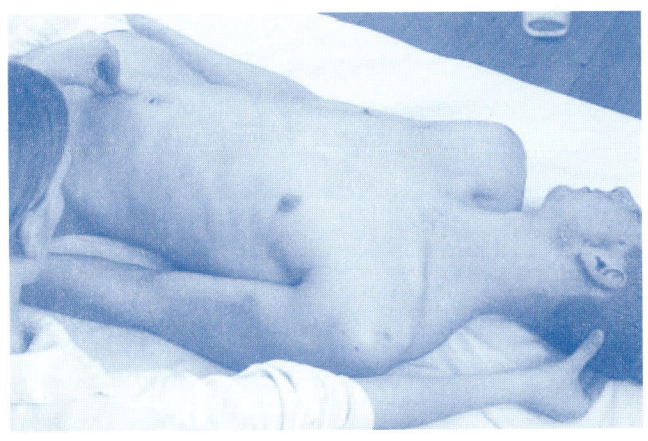

Abb. 5

Botschaft von Erzengel Chamuel zum Punkt 'Seelen erlösen'

Glaubenssätze, nicht befriedete Emotionen, unerfüllte Wünsche, gewaltsamer Tod - es gibt vielfältige Gründe, die eine Seele daran hindern können, nach der physischen Entkörperung in eine Lichtdimension zu gehen. Wenn sie hier verhaftet bleibt, kann sie sich nicht erfüllen und belastet die im physischen Körper Lebenden.

Dokument 11: Das chinesiche Schriftzeichen GUI und die dazugehörigen Akupunkturpunkte

erhalten von Hans Jürgen Eichberger (9)

GUI

Zu den hilfreichen Akupunkturpunkten, um unerlöste Seelen zu erlösen, gehören:

Lunge 5, Lunge 11
Dickdarm 10, Dickdarm 11,
Magen 4, Magen 6, Magen 29, Magen 36
Milz-Pankreas 1
Perikard 5, Perikard 7, Perikard 8
Blase 62
Ren Mai 1, Ren Mai 24,
Du Mai 16, Du Mai 22, Du Mai 23, Du Mai 26

Anmerkungen und Literaturhinweise

(1) Bemerkung von Burkhard Kiegeland in einem seiner Seminare.
Näheres über sein Zentrum in der Schweiz unter:
www.einsundsein.org, Tel. 0041(0) 33 6810 512

(2) Das Lied „Ich schließe Frieden", Text Monika Wunram, können Sie hören auf den CDs „Das Kind in Dir" von Gila Antara und „Lust auf Leben" von Monika Wunram.

(3) Sogyal Rinpoche, Das tibetische Buch vom Leben und vom Sterben, O. W. Barth Verlag

(4) Deepak Chopra, Leben nach dem Tod, Allegria Verlag

(5) Ulrike Hobbs Scharner, Der Tod – das große Geheimnis? HMHE Verlag
In diesem Buch finden Sie auch Begleitgebete, Segens- und Schutzgebete für Kranke und Sterbende. Teile des Buches sind auch als Live-Mitschnitt eines Vortrages erhältlich. Mehr über den Verein „Heiler Mensch-Heile Erde" unter:
www.hmhe.de , Tel. 0049 (0) 7662 935 07 03

(6) Lee Caroll: Kryon – Die Reise nach Hause, Koha Verlag

(7) Symbole und Mantren für den Aufstieg von Erzengel Michael, Kamasha Verlag, Tel. 0661-38000240

(8) Dr. Adriana Raslan: Heilende Berührung - Heilpunkte von Erzengel Chamuel, Kamasha Verlag, Kontakt: 06652-79 46 40, www.dr-adriana-raslan.de

(9) Hans- Jürgen Eichberger, Heilpraktiker in Oestrich-Winkel, Tel. 06723-999 503 bzw. 601063
Von Herrn PD Dr. Kai Filipiak und Frau Dr. Cornelia Schindelin erhielt ich das Zeichen in der für das Buch verwendbaren digitalisierten Version.

(10) Anton Styger, Erlebnisse mit den Zwischenwelten, Band 1 und 2, Styger-Verlag
Diese Bücher enthalten neben den Erfahrungen von Anton Styger Gebete für die verhafteten Seelen, die er anwendet, und die inzwischen in einem eigenen Buch zusammengefasst sind, siehe (11).
Oberägeri, Schweiz, www.geobiologie.ch, Tel. 0041-750 38 51

(11)Anton Styger, Gebete für die Seele, Anrufungen, Gebete, Ablösungs- und Befreiungsrituale, Styger Verlag

(12) Biosynergetik-Ausbildung von Hardy und Christa Burbaum, Oecovita-AG, Schweiz, www.oecovita.com, Tel. 0041(0)43 844 432 5

(13) Informationen über die Arbeit Bert Hellingers finden Sie auf seiner Web-Seite www.hellinger.com und bei allen Aufstellern, die nach seiner Methode arbeiten. Zahlreiche Bücher und DVDs sind im Buchhandel erhältlich.

(14) Uschi Funke, Kontakt: Funke.U@gmx.de

(15) Elisabeth Kübler-Ross hat zahlreiche Bücher geschrieben, so „Interviews mit Sterbenden", Kreuz-Verlag, „Verstehen, was Sterbende sagen wollen", Droemer/Knaur Verlag, „Über den Tod und das Leben danach", Droemer/Knaur Verlag. Ich empfehle, selbst zu erforschen, welches ihrer Bücher Sie anspricht.

(16) Natara, Kamasha Therapie - und Ausbildungsinstitut, Fulda, tai@online.de, Tel. 0661-38 000 238

(17) Institut für Bewusstsein, Reinhard Einsiedl & Iris Müller, Mentaltraining, Geistheilung, Seminare und Coachings, Österreich, reinhard.einsiedl@aon.at, Tel. 0043-(0)676-713 00 68

(18) Rosina Sonnenschmidt, Exkarnation, der große Wandel, Verlag Homöopathie und Symbol

(19) Dieses Gebet wurde übersetzt von Prof. Dr. Annemarie Schimmel, Abdruck mit freundlicher Genehmigung von Dr. Yavuz Oezoguz, Wissenschaftlicher Verantwortlicher der Enzyklopädie des Islam, www.eslam.de

(20) Mir ist bewusst, dass wir in einem Prozess sind, auch Lichtkörperprozess genannt, in dem bereits zu Lebzeiten in unserem Körper unsere ganze Körper-Seele-Geist-Einheit und unser Bewusstsein durchlichtet werden.

DANKE

Informationen zur Autorin

Dr. Adriana Raslan
(Vayanara)

Die Ärztin Dr. Adriana Raslan führt seit 1994 eine Privat-praxis mit den Schwerpunkten Homöopathie, Akupunk-tur, Kinesiologie, Physioenergetik, Energieheilarbeit/ me-diales Heilen und Familienstellen.

Seit 2005 empfängt sie Botschaften von Erzengel Chamuel und anderen Wesenheiten.

Sie ist verheiratet, hat einen Sohn aus zweiter Ehe und lebt mit ihrem Mann im Raum Fulda.

Bücher des Kamasha Verlags

Natara
Der Herzenslichtkörperprozess von Jesus
24 Schritte ins Licht
ISBN: 978-3-936767-31-9

Wer den Bibel-Code richtig entschlüsselt, entdeckt wichtige Informationen zum Lichtkörperprozess, so wie ihn Jesus ursprünglich auf die Erde gebracht hat. Dieses Buch enthält mitreißende
Aufzeichnungen der Lichtkörperprozess-Einweihungen, die Jesus
durch Natara an eine Gruppe von Lichtkörperprozess-Trainern
weitergegeben hat. In tiefen Channelings entschlüsselt Jesus die
Botschaften der Bibel und erklärt damit den heute so wichtigen
Lichtkörperprozess vom ersten bis zum 24. Chakra.
Wer sich entschließt, diesen Weg zu gehen, beschleunigt das innere Wachstum in sagenhafter Geschwindigkeit. Dies ist ein Begleit-
buch für alle, die den Lichtkörperprozess machen oder machen
möchten.

Natara
Gespräche mit Erzengel Michael, Band 1-7

Band 1
ISBN: 978-3-936767-00-1

Themenauswahl: Bewusstsein vor der Geburt, Indigokinder, Karma, Sexualität und Liebe, der Aufstieg der Erde.

Band 2
ISBN: 978-3-936767-12-4

Themenauswahl: Religionen, die Kraft der Gedanken, Wasser - das kostbarste Gut der Erde, die dritte Botschaft von Fatima.

Band 3
ISBN: 978-3-936767-02-5

Themenauswahl: Die zehn Gebote - zehn Einweihungen, Babaji, Franz von Assisi, Bewusstsein der Tiere.

Band 4
ISBN: 978-3-936767-03-2

Themenauswahl: Samadhi, Seelen-
kraft, Klarheit, göttliche Vision,
Achtsamkeit, Liebe, heilende Prä-
senz, Loslassen, Vertrauen, Vogel-
grippe.

Band 5
ISBN: 978-3-936767-14-8

Themenauswahl: Engelsastrologie,
Hildegard von Bingen, Lady Diana,
Erzengel Raphael, Shiva, Shakti,
Krishna, St. Germain Lady Gaya, El
Morya, Erzengel Michael.

Band 6
ISBN: 978-3-936767-05-6

Themenauswahl: Die 7 Seelenlän-
der: Orion, Plejaden, Sirius, Elfen-
und Feenland, Regenbogen, Lemu-
ria, Wal- und Delphinland.

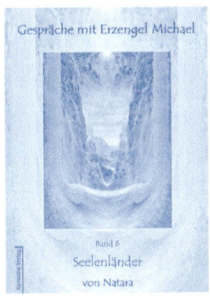

Band 7
ISBN: 978-3-936767-06-3

Themenauswahl: Entwicklung
der Geldenergie, gesellschaftliche
Veränderungen bis 2012, Kundalini-
Energie, Blockaden lösen

Sandra Heim
Stimmen eines neuen Bewusstseins
Mutige Menschen erzählen über ihre inspirierenden
Lebensprojekte

ISBN: 978-3-936767-33-9

Das Beste aus unserer ehemaligen Zeitschrift „Kamasha – Gute Nachrichten für ein erfülltes Leben" - und noch mehr.

Die Journalistin Sandra Heim veröffentlicht die schönsten Interviews, die sie mit Persönlichkeiten wie Pierre Franckh, James Redfield, Uri Geller, Diana Cooper oder Chris Griscom über Themen wie „natürliche Geburt", „die Kraft des Geistes" oder „neue Bildung für Kinder" geführt hat.

Adriana Raslan
Heilende Berührung
Heilpunkte von Erzengel Chamuel
ISBN 978-3-936767-19-3

Unser Körper speichert alle Erlebnisse, auch wenn sie nicht mehr bewusst erinnert werden. Obwohl scheinbar nicht mehr wichtig, können uns solche eingeprägten Frequenzen in unserer Entwicklung sehr behindern. Die von Erzengel Chamuel durchgegebenen Heilpunkte für Mensch und Tier leiten heilende Liebesenergie der Engel durch den physischen und die feinstofflichen Körper und erlösen so alte emotionale Blockaden und Engramme.

„Eure Angst ist das größte Hindernis für die Liebe, das größte Hindernis für Transformation. Deshalb ist es so wichtig, eure Angst loszulassen, damit ihr euch für euch selbst öffnen könnt. Wenn ihr euch für euch selbst öffnet, könnt ihr euch auch für die Anderen öffnen, und dann ist kein Krieg mehr nötig."
Erzengel Chamuel

Natara
Symbole und Mantren für den Aufstieg
ISBN 978-936767-3-13-1

Erzengel Michael gibt den Menschen für den Aufstieg der
Erde und aller Lebewesen durch das Channelmedium Natara
18 Mantren und Symbole, die hier abgebildet und beschrieben sind. Alle mit spezifischen Wirkungen und Heilkräften.
Das Buch ist mit einer Ringbuchspirale versehen, so dass mit
den Mantren und Symbolen sehr gut gearbeitet werden kann.

Dieses Buch enthält die Weisheit, die dir hilft Ängste zu lösen.
Ein Symbol hilft dir Frieden zu schließen. Ein anderes öffnet
einen Lichtweg, so dass verstorbene Seelen ihren Weg ins Licht
finden. Ein Mantra vereinfacht dir die telepathische Kommunikation, ein anderes hilft dir die Vergangenheit loszulassen, ein
weiteres intensiviert den Kontakt zwischen dir und der Natur.

Renate & Eckhard Moog
Erkenntnis oder Leiden
ISBN 978-3-936767-11-7

Die zentrale Aufgabe im Leben ist es zu wachsen, das Bewusstsein zu erweitern und die Seele zu entfalten. Chronische Krankheiten drücken aus, dass ein anstehender Entwicklungsschritt noch nicht getan wurde.

Wenn wir uns dem inneren Heiler zuwenden, öffnen wir die Tür zur klärenden Erkenntnis. Wenn wir nicht auf die Signale von innen horchen wollen, erleben wir die Defizite unserer seelischen Entwicklung durch eine weitere Konfrontation mit Krankheiten und Leiden.

Die Texte sprechen direkt das Herz und den inneren Heiler an. Der Lesende kommt in seine eigene Kraft, wenn er die Botschaft der Eigenverantwortung annimmt.

Shantima Petra Sollgruber
Babajis Anleitung zum Glücklichsein
Lerne Dich selbst kennen mit all Deinen Facetten
ISBN 978-3-936767-26-1

Jeder von uns erlebt Höhen und Tiefen in seinem Leben. So auch die Autorin, die in einer Krise den göttlichen Ruf vernahm und sich für die Botschaften von Babaji öffnete.

In großer Klarheit und Einfachheit erläutert Babaji zentrale Themen des Lebens wie Transformation, Disziplin, Zweifel, Meditation, Vertrauen, Gastfreundschaft, Gelassenheit, innere Sammlung, Geduld, Erlösung von alten Ängsten, Ordnung, Glauben, dunkle Energien, Klang - Farbe - Licht – Form, Fülle und viele mehr. Das Leben wird leicht und glücklich für den, der dem Ruf folgt.